简记帝王史

李滑曦睿 著

团结出版社
UNITY PRESS

图书在版编目（CIP）数据

简记帝王史 / 李滑曦睿著. -- 北京 ： 团结出版
社,2020.8

ISBN 978-7-5126-8204-7

Ⅰ．①简… Ⅱ．①李… Ⅲ．①中国历史－通俗读物
Ⅳ．①K209

中国版本图书馆CIP数据核字（2020）第161699号

出　版：团结出版社
　　　　（北京市东城区东皇城根南街84号　邮编：100006）
电　话：（010）65228880　65244790
网　址：http://www.tjpress.com
E-mail：65244790@163.com
经　销：全国新华书店
印　刷：武汉市金港彩印有限公司
装　订：武汉市金港彩印有限公司

开　本：142mm×210mm　1/32
印　张：5
字　数：97千字
版　次：2020年8月　第1版
印　次：2020年8月　第1次印刷

书　号：978-7-5126-8204-7
定　价：58.00元

序言

　　亲爱的读者，您即将打开一本脑洞大开的记忆方法指导用书，因担心此书不能为您展现其自身价值，故，特备此信，望能为您解答些许困惑。

亲爱的读者：

　　您好！

　　我是本书作者李滑曦睿，感谢您选择使用此书，以学习完善部分历史内容的相关信息。

　　构思起稿本书之时，就将它定义为一本历史信息记忆方法指导用书，目的在于希望能够通过自己的记忆优势，用简便的记忆方法结合历史信息，使您在阅读过程中可以轻松记住这些历史知识。

　　在成书过程中，虽竭力谨慎地丰富人物形象，完整地展现相关历史内容，但难免有欠缺，也请您谅解。

　　1.关于历史内容的完整性

　　历史需要尽量精准地还原。在编撰这本书期间，我查阅了大量文献资料，尽可能完整地写出选取五十位帝王的生平重大事件。可毕竟是帝王，可以收录记载的内容实在太多，而此书又是主打极简风格，难免在选择时会存在一些不同的取舍。若选择的代表内容和您了解的内容存在出入，望您海涵。

2.关于人物角度的客观还原

对人物的评写一直是个很大的困难，因为不敢掺杂太多的私人情感。历史事件的评判很多都是"仁者见仁，智者见智"，但人性又存在太多矛盾结合，故而担心个体的偏颇影响了客观陈述。若在阅读中，您认为人物事迹与您心中的标准有分歧，望您海涵。

3.关于本书的记忆方法

记忆方法是提升记忆效率的一项工具；是使我们快速抵达"录入所需内容世界"的一条捷径，但不代表可以"坐享其成"。再简便的记忆方法也需要您与我一同脑洞大开，发挥想象，逐步记忆且按时复习。同时更希望本书能成为您了解、实践、掌握记忆方法的一个开端。在长久保持探索记忆的习惯下，我发现，有效的记忆方法并不是固定的某一种模式，只要适用于自己，那么就是最合适有效的方法。

而本书不需要任何记忆基础，只为您打开脑洞的大门，期待您在阅读完成之时，已养成且掌握了完全属于

自己的初期记忆方式。

4.关于推荐打开方式

在我童年的记忆中，最温暖的莫过于每个傍晚，妈妈会在书房与我打开一本本关于历史的书籍，用十五分钟到半个小时去讲解那些历史故事，并讨论延伸的相关问题。妈妈一直说："读史既明智也铭志。"在她的谆谆教导和长久陪伴下，我不仅养成了长期阅读的良好习惯，还在日积月累间掌握了大量的历史知识。最关键的是和妈妈用讨论历史、学习知识这种方式进行的亲子互动，它使我们的感情亲密无间，且为日后增添了许多美好的回忆。

除了记忆方法之外，本书极简风格的内容也适合为小朋友建造基础历史构架，我衷心地希望它也能成为一本亲子读物，这样，我那些美好的童年回忆将会被传递、延续。

寥寥数语，以期互勉。

感谢您耐心地看到这里。接下来请摒除杂念打开脑洞，用一种探索新世界的期待与好奇，与我一起借用"记忆之翼"并肩遨游在历史的长河中吧。

在这本书中，我与您一路相伴。

目录

★（本书选取有代表性的 50 位帝王）

PART.1

公元前

第一章　秦朝

中国历史朝代在汉朝新帝王莽之前都是公元前，王莽统治期间进入公元。

秦朝　档案库	公元前 221 年—公元前 206 年	
	姓名	简记事迹口诀
秦始皇	嬴政	十三统始
秦二世	胡亥	赵斯逼亥
备注：秦朝存在 15 年，历三帝，本书录入两位。		

第一节　秦始皇/嬴政

秦始皇·嬴政　十三统始

十三（十三岁少年帝王）

公元前 247 年，秦庄襄王子楚（另有文献所述为"异人"）驾崩，年仅 13 岁的嬴政被册立为秦王，其即位时由于年少，尊秦相吕不韦为仲父，国政皆由吕不韦把持。

统（统一六国）

公元前 221 年，秦王嬴政耗时十年以韩、赵、魏、楚、燕、齐的顺序，吞并六国，终止了战国时代动荡混乱的局面，一统天下。

始（始皇帝）

统一六国后，秦王嬴政自认为此等霸业亘古未有，"王"的称号已然不能彰显其尊贵身份。经思量，嬴政认为自己"德高三皇，功过五帝"，决定兼采，称为"皇帝"。又因是以"皇帝"尊称的第一人，故为——"始皇帝"。

口诀联想词：

嬴政·十三统始	银针·失散同时

口诀记忆法：银针失散，又同时找到了。

第二节　秦二世/胡亥

秦二世·胡亥　赵斯逼亥

赵（赵高）

赵高，本是战国时期赵国后裔，流离至秦国，后入秦为宦官（这一说法存在争议）任中车府令（现交通部部长），兼行符玺令事。因得秦始皇赏识，立其为秦二世胡亥之师，教以法律。其曾犯下重罪，蒙毅不敢阿法，按律当处于死刑，始皇嬴政却特赦，免去其罪过、且复其原职。

"指鹿为马"这一典故就是关于赵高当丞相后为区分异己而使用的政治手腕。

斯（李斯）

李斯，秦朝著名政治家、文学家和书法家。因"观鼠"感慨："一个人有没有出息，就如同老鼠一样，是由自己所处的环境决定的。"故而辞任小吏，前往齐国拜于荀子门下，学习"帝王之术"。后入秦国，受当时秦相吕不韦赏识。因献离间六国君主之计，并以"先灭韩，以恐他国"的逻辑提出了吞并其他诸侯国的顺序，而为嬴政所器重。佐于秦王。

逼（沙丘政变）

秦始皇三十七年，嬴政在第五次出巡路上病倒，命赵高派使者发密诏传位长子扶苏，却因赵高私心而扣下。七月丙寅，秦始皇驾崩于沙丘平台（今河北广宗西北太平台），丞相李斯封锁消息。赵高带着始皇遗诏见随行的胡亥，劝其取而代之。后策反李斯，唆使其与之同谋，改诏立胡亥为太子，又另外炮制一份诏令送至上郡，以"不忠不孝"之罪名赐死扶苏与蒙恬。

亥（胡亥）

胡亥为秦始皇第十八子，巨鹿之战爆发后，赵高命其弟赵成与女婿阎乐以护驾名义，包围胡亥，迫使他自刎。

口诀联想词：

胡亥·赵斯逼亥	虎孩·招式比 high

口诀记忆法：虎孩打拳，招式比较 high。

第二章　汉朝（上）

汉朝 档案库		公元前 206 年——公元 220 年
	姓名	简记事迹口诀
汉高祖	刘邦	霸三吕胜
汉文帝	刘恒	四五文景
汉景帝	刘启	刘濞七国
汉武帝	刘彻	儒武绸蛊
汉宣帝	刘询	霍光腐敕
新帝	王莽	佟儿篡法
汉光武帝	刘秀	绿阴信家
汉献帝	刘协	傀偏董曹医

备注：汉朝存在 426 年，西汉历十三帝、新朝历二帝、东汉历十三帝，本书录入八位。

第一节　汉高祖/刘邦

汉高祖·刘邦　霸三吕胜

霸（西楚霸王）

　　项羽，名籍，字羽，泗水下相（今江苏省）人。秦末农民起义领袖，楚国名将项燕之孙。年少之时在街边见秦始皇，因一句"彼可取而代也"被认定将有一番作为。其因为个人武力超群而享有盛名，是一位出色的武者，却不是一位合格的王者（可参见其进入咸阳城后放任手下士兵为非作歹，以及因"一己私怨"火烧阿房宫的作为）。垓下之战后，被刘邦的军队围攻于乌江边，终以无颜见江东父老为由，拒绝苟活，自刎于乌江边。虽有李清照用《夏日绝句》中"至今思项羽，不肯过江东。"描写出一位有情有义，顶天立地，不肯苟且偷生的英勇形象，但"优柔寡断"、"匹夫之勇"亦是后世评价其的主要用词。

"霸王别姬"描述的是四面楚歌后，楚霸王英雄末路，虞姬自刎殉情的悲怆爱情。

三（三员虎将）

萧何，汉族，西汉初年政治家、宰相，西汉开国功臣之一。秦末为刘邦心腹之一，辅佐其起义，史称"萧相国"。早期职务类似于现在后勤部长。刘邦打仗时，萧何主要负责后勤保障，从头至尾坐镇陕西。刘邦成为天子后，任其为宰相。后期协助刘邦消灭韩信、英布等异姓诸侯王。善终。

张良，韩国（今河南省）人，秦末汉初杰出谋臣。早年有石桥捡鞋奇缘，后有博浪沙刺秦之勇，在鸿门宴中担任重要角色——"垫后"，纯属有故事的男神一枚。职务类似于智勇双全的参谋。协助刘邦建立大汉王朝之后，又协助吕后（吕雉）之子刘盈成为皇太子。晚年云游四海，颇为逍遥。

韩信，汉族，淮阴（今江苏省）人。西汉开国功臣、军事家，兵家四圣之一（"兵家四圣"因个人评定标准不同，故而一直存在争议）。被后人奉为"兵仙""神帅"。有胯下受辱的能屈能伸，有一饭千金的知恩图报，还有背水一战的孤注一掷。早期在项羽麾下只成为执戟郎中（大门警卫员），后投靠刘邦依然没被重用。本意离开，苦于萧何连夜追赶劝其回归并要求刘邦为其升官，而"一战成名"升为大将军。（此段也就是"萧何月下追韩信"）。大汉王朝成立之后，谣传韩信要造反（是否为谣传有争议），总之被萧何骗入皇宫后，吕后指使宫女将其乱棍戳死。（由于韩信的成功与失败皆由萧何所起，故有"成也萧何败也萧何"之典故。）

吕（吕雉·吕后）

吕雉，砀郡单父县（今山东菏泽）人，刘邦的结发妻子。此人手段狠毒，心思缜密。公元前 195 年，刘邦病逝，太子刘盈（吕雉的亲儿子）继位成为汉惠帝。刘盈生性仁厚懦弱，吕雉借机掌权。为泄刘邦独宠戚夫人的怨恨，她先杀了戚夫人的儿子如意（赵王），又派人砍去戚夫人手脚，挖去眼珠，灌下哑药，熏聋耳朵，置其于厕所，呼为"人彘"（彘zhì，猪的意思）。汉惠帝被母亲所作所为吓得心惊胆战，从此每天借酒排忧，不问朝政。公元前 188 年，郁郁寡欢的汉惠帝驾崩，吕后又立张皇后（汉惠帝亲姐姐鲁元的女儿）的养子为少帝，后又因为怕小皇帝将来报复，将其杀害。重立常山王刘义为少帝，改名刘弘。在刘邦过世后，吕雉掌权长达十六年，期间不仅大封吕氏家族成员，还不断削弱刘氏家族的势力，是中国历史上三大女性统治者的第一位。

胜

楚汉渊源的大致顺序如下：

背景：陈胜、吴广起义后。

项、刘同投江苏楚王→刘邦直取咸阳→鸿门宴→项羽自封西楚霸王→项羽安插将士监视刘邦（三秦之地）→韩信明修栈道，暗度陈仓→楚河汉界划分→项羽被赶到垓下→四面楚歌→霸王别姬→项羽自刎乌江→刘邦称王，建立大汉王朝。

口诀联想词：

刘邦·霸三吕胜	六棒·把伞屡胜

口诀记忆法：用六根木棒做一把伞，很结实，屡次获胜。

第二节 汉文帝/刘恒

汉文帝·刘恒 四五文景

四五（四子五皇）

汉高祖刘邦的第四子，刘盈死后，其继位登基，成为西汉第五位皇帝。

文景（文景之治）

汉文帝执政温和仁慈，以道家思想"无为而治"为主要治国方针，大力推行休养生息、鼓励生产的治国策略。为"文景之治"(汉文帝与儿子汉景帝)开创了良好局面。

口诀联想词:

| 刘恒·四五文景 | 留痕·似鸣闻警 |

口诀记忆法:狗似"呜呜"叫着,闻警察身上有没有留下痕迹。

第三节　汉景帝/刘启

汉景帝·刘启　刘濞七国

刘（刘濞）

刘濞（bì），沛郡丰邑（今江苏省）人，汉高祖刘邦的侄子，前因汉文帝无为而治、修身养性的治国之道使其诸侯势力日益强大而骄纵，处处与朝廷对抗。后对汉景帝遏制诸侯王势力、削弱列侯派系力量、加强中央集权的制度极为不满，故而合组其他六位刘姓宗室王侯，以"清君侧"为由策动叛乱。

七（七国之乱）

景帝三年，刘启采用御史大夫晁错（cháo cuò）提议的方案，削弱诸侯王势力、加强集权体制。相继下诏削夺楚、赵等诸侯国的封邑。以吴王刘濞为首，筹组楚王刘戊（wù）、赵王刘遂（suì）、济南王刘辟光、淄川王刘贤、胶西王刘卬、胶东王刘雄渠等刘姓宗室诸侯王，一同发动叛乱。梁国固守与汉将周亚夫的奋勇迎击进逼使得此叛变三个月内被讨平。

口诀联想词：

刘启·刘濞七国	油漆·流鼻（涕）汽锅

口诀记忆法：把油漆放汽锅里，味道可以治疗流鼻涕。

第四节　汉武帝/刘彻

汉武帝·刘彻　儒武绸蛊（尊儒尚武，丝绸巫蛊）

儒（尊儒）

刘彻上位后，本启用儒生望推进改革。而汉景帝的生母窦太后却信奉道教，故计划终止。

公元前135年，窦太后驾鹤西归，刘彻开始清理老太后在朝中余党，采用大儒董仲舒的提议——"罢黜百家，独尊儒术。"由此为儒家学术在历史长河中奠定了特殊的地位。

武 (尚武)

文景之治为西汉打造了坚实的国力基础, 汉武帝登基后开始征伐四方。先平定南方闽越国的动乱, 再解决与北方匈奴多年的积怨(汉武帝时代抗战匈奴的著名将军有: 卫青、霍去病、李广、公孙敖、赵破奴、李广利等)。

绸 (丝绸)

对战匈奴的同时, 刘彻采取和平解决的政治手腕使西域诸国臣服。并派遣张骞出使西域, 丝绸之路由此而始。这一切为未来将西域并入中国版图建立了稳定基础。

蛊 (巫蛊)

征和元年, 由公孙贺父子被告发使用木人诅咒皇帝而被满门抄斩起, 巫蛊之祸正式拉开序幕。征和二年, 奸佞江充因与太子刘据、卫皇后(卫青的妹妹卫子夫)有嫌隙, 借汉武帝生病为托词诬害这一切是因为太子使用巫蛊作祟, 造成太子及其亲属满门遇难。因巫蛊的之由株连受死者前后达数万人。

口诀联想词:

刘彻·儒武绸蛊	留车·入伍瞅鼓

口诀记忆法: 入伍时, 瞅见留在车上的鼓。

第五节　汉宣帝/刘询

汉宣帝·刘询　霍光腐赦

霍光

霍光，西汉著名军事家霍去病的同父异母兄弟。

元平元年四月癸未日，汉昭帝刘弗陵驾崩，其无子嗣，大将军霍光立刘据（刘彻的太子）之孙刘询为皇帝。即位之初，霍光权倾朝政，一手遮天。不仅无视刘询的存在，直接把持国事，还想让刘询废除原配许皇后，娶自己的女儿霍成君并重新立后。刘询以寻幼时宝剑为由在众臣面前暗示自己念及旧情，婉言推辞，霍光只好暂时作罢。许皇后入宫两年后怀有身孕，霍光借机买通医官，下药致许皇后死亡，以此迫使刘询不得不妥协立后霍成君。公元前68年，届时刘询已被摆布了6年之久，霍光去世了。然而汉宣帝并不急于瓦解霍氏家族，忍辱负重8年之后一举扳倒以霍家为首的各大势力，正式掌管朝政。

腐（反腐）

汉宣帝深知百姓对官员贪腐深恶痛绝，执政后强力整治为官不廉、贪赃枉法等问题，惩治不法官吏和豪强。

十赦天下

五凤四年，刘询派24人到全国各地稽查，整肃司法，平理冤狱，检举揭发滥用刑罚的官吏。其在位期间十次大赦天下。

口诀联想词：

刘询·霍光腐赦	硫熏·火光辐射

口诀记忆法：火光和硫磺熏有辐射。

第六节　新帝/王莽

新帝·王莽 侄儿篡法

侄（侄子）

　　王莽，西汉孝元皇后王政君（汉宣帝刘询的儿媳妇）侄（属外戚）。王政君成为太后，王家一族凭借其身份在朝堂谋职论权。因小弟王曼早逝，王政君本就怜惜其未能封侯加爵享以殊荣，又因平阿侯王谭、成都侯王商等多人赞赏王曼之子王莽，便追谥王曼为新都哀侯，以王莽嗣侯位，并任命其为大司马。

儿（儿子）

绥和二年（公元前 7 年），汉成帝刘骜去世，汉哀帝刘欣继位。王氏集团被打压，已被册封为新都侯的王莽辞官隐退回到封地新野。一次，其次子（二子）王获失手误杀一位奴仆，按当时法律罚款赔钱即可，不料王莽为博得民心，赢得大义灭亲之美誉，逼王获自杀偿命。之后，王莽为了树立自身威望，先后又逼死了宗子（长子）王宇和幼子王临。

篡（篡位）

元寿二年庚申（公元前 1 年），汉哀帝驾崩。王政君册立 9 岁的刘衎（kàn）（汉元帝刘奭之孙）为汉平帝，又召王莽入宫再次任命其为大司马，继续掌握军政大权。恢复权势的王莽因大义灭亲而得到群臣拥护，同年加封"安汉公"。元始五年（公元 5 年），王莽感到 14 岁的汉平帝对自己产生威胁，故而以毒酒将其毒死，后立只有两岁的汉宣帝（刘询）玄孙刘婴为皇太子。顺理成章代理少不更事的天子朝政，众臣百姓则称王莽为摄皇帝，其自称"予"。初始元年（公元 8 年）十二月，王莽逼迫王政君交出玉玺，又吓唬幼帝刘婴禅位，由此，王莽宣布代汉自立，改国号为"新"。

法（变法）

王莽篡位后为稳固政治，开始推行新政（史称"王莽改制"）。

改制内容	失败原因
货币改革：废汉币用新币	货币版本不够统一，流通障碍太大。
人人平等：废除奴隶买卖	打破穷富平衡，穷无工作，富无人力。
土地改革：恢复周朝"井田制"	太过理想化，土地归国所有得罪了各方地主。
市场改革：朝廷管制盐、铁、酒等，控制物价。	汉朝时，物资为个人所属，不归朝廷。若想囤货还需从商人手中买入。
改革少数民族国名、首领称号	匈奴、朝鲜、西南各国等均未同意。

口诀联想词：

王莽·侄儿篡法	忘忙·侄儿穿法

口诀记忆法：忙到忘记教侄儿穿衣方法。

PART.2

公
元

第一章　汉朝（下）

第一节　汉光武帝/刘秀

汉光武帝·刘秀　绿阴信家（绿林阴丽华，烧信为大家）

绿林（绿林军 lù lín jūn）

西汉末，起义军分为南北势力。北名赤眉，南称绿林。

地皇三年（22 年）十一月，在哥哥的撺掇下，刘秀加入绿林军。

（据历史文献记录：地皇四年（公元 23 年），各支绿林军会师，联合拥戴汉朝宗室刘玄为帝，年号更始，决定争夺天下，以王匡、王凤为上公，刘演为大司徒，刘秀为太常偏将军。）

阴（阴丽华）

"仕官当做执金吾，娶妻当得阴丽华。"——出典于《后汉书》

（原文：初，光武适新野，闻后美，心悦之。后至长安，见执金吾车骑甚盛，因叹曰："仕宦当作执金吾，娶妻当得阴丽华。"）

阴丽华， 春秋时代著名的齐相管仲之后，以美貌闻名。刘秀结发之妻，登位封后，伉俪情深。在位二十四年，与刘秀合葬于原陵。

烧信为大家（刘秀烧信）

公元 24 年，刘秀攻下邯郸，斩首王朗，并从王宫里缴获大批官员写给王朗的信，信中内容多数为污蔑刘秀或劝其消灭刘秀。汉光武帝知晓若是彻查下去定会牵扯甚广，于是当着大家的面一把火烧了所有的信，表明自己不再追究的宽容态度，将官们感动之余纷纷表示至死效忠。

口诀联想词：

刘秀·绿阴信家	优秀·路鹰新家

口诀记忆法：路边，优秀的老鹰安新家。

第二节　汉献帝/刘协

汉献帝·刘协　傀儡董曹医

傀儡

（背景交代：东汉末年天下大乱，皇宫之外黄巾起义，皇宫之内宦官作乱。宦官作乱止于何进被杀，袁绍平反，董卓掌握朝政。后开启群雄割据的局面。）

刘协幼年由董太后抚养，经历坎坷。先与刘辩被宦官劫持逃出皇宫，再被董卓挟持返京。归京后，董卓立九岁的刘协为"傀儡皇帝"为己所控。公元 192 年董卓被吕布所杀，然而直到公元 195 年，刘协才摆脱各方势力逃回洛阳，却又一次被曹操挟持（挟天子以令诸侯），继续成为傀儡皇帝。

董（董卓）

董卓，陇西人（今甘肃省），有武艺，力大无穷。早期率领自己的"凉州兵团"坚守大汉西北的"河西走廊"抵御西域诸国。因宦官作乱被何进与袁绍召唤入京，开启控制朝局模式。董卓乱政后将首都由洛阳迁至长安，由于其暴政荒淫，一时间怨声载道。初平三年（192 年）王允制造其与义子吕布间矛盾（戏说矛盾之初是因为抢夺貂蝉），策使吕布杀了董卓。死讯传开，举国欢庆。

曹（曹操）

曹操，字孟德，小字阿瞒，沛国谯人（今安徽省），汉族，东汉末年著名政治家、军事家、文学家、诗人。曾刺杀董卓，未成，随机应变以献刀为由侥幸脱险。因一句"宁我负人，勿人负我"被后世定义为奸雄。控制汉献帝后，假借其名义，发号施令。刘协 18 岁时，不愿再被支配，用鲜血写了"衣带诏"密谋诛杀曹操。事情败露后，除刘备外其他主谋皆被处死。

医（龙凤医家）

公元 220 年，曹操病死，其子曹丕继位逼刘协禅位于自己（历时 195 年的东汉政权正式结束）。晚年的刘协带着夫人曹节（曹操的女儿）行医救民。民间极其尊崇刘协夫妇，敬称二人为"龙凤医家"。

口诀联想词:

刘协·傀儡董曹医	流血·傀儡懂草医

口诀记忆法:流血后,傀儡懂得用草药医治。

第二章　三国

三国　档案库	公元 220 年——公元 280 年	
	姓名	简记事迹口诀
魏武帝	曹操	董献煮酒
魏文帝	曹丕	废献立魏
蜀汉昭烈帝	刘备	桃园三亮
蜀汉后主	刘禅	乐不思蜀
吴大帝	孙权	江东间瑜
吴末帝	孙皓	残暴色鬼
三国存在 60 年，魏国历五帝、蜀国历二帝、吴国历四帝，本书录入六位。		

第一节 魏武帝/曹操

魏武帝·曹操 董献煮酒

董（董卓）

曹操持王允赠予的七星宝刀立于董卓榻前，本意举刀刺杀，不料董卓睁眼，从镜面中反观到其行为，便大喝质问。曹操面不改色，以退为进称欲献宝刀。趁董卓欣赏宝刀之时，抽身离开董卓的房间。被李儒识破意图，指挥铁甲士拦截后，斩杀突围。

献（挟天子以令诸侯）

建安元年（公元 196 年）八月，曹操迎汉献帝，带着小皇帝迁都许昌，后通过"把握"汉献帝而号令天下诸侯。

煮酒（煮酒论英雄）

公元 199 年，后期三国鼎立局面的另一位主角——刘备投靠曹操。论资排辈，刘备是汉献帝刘协的皇叔，因胆小未参加"衣带诏"事件。择日，曹操为试探刘备，约其一起喝酒，并在席间大肆评论当时天下英雄。谈及双方，刘备以为曹操知晓自己的计划，心惊之余掉落酒杯，恰巧响起炸雷，于是谎称因惧怕雷声而吓得摔落杯子。懦夫形象暂时麻痹了曹操。

口诀联想词：

曹操·董献煮酒	草草·冬闲煮酒

口诀记忆法：冬天比较闲草草（潦草）煮酒喝。

第二节 魏文帝/曹丕

魏文帝·曹丕 废献立魏

废献立魏

曹丕，魏武帝曹操的长子，与曹操，曹植并称为"建安三曹"。

延康元年（220年）正月，曹操逝世于洛阳，曹丕继位。为稳固其政治地位，曹丕逐步实施集权制，笼络扶植自己的政治势力，同年十二月，汉献帝正式禅让帝位（更多争议偏向曹丕逼迫献帝禅位）。曹丕"自立门户"，国号"魏"。

口诀联想词：

曹丕·废献立魏	草皮·飞仙立威

口诀记忆法：草皮上有个天外飞仙在立威。

第三节　蜀汉昭烈帝/刘备

蜀汉昭烈帝·刘备　桃园三亮

桃园（桃园三结义）

辈分 / 姓名	最初职业
大哥 刘备 （字玄德）	织席卖草鞋
二哥 关羽 （字云长）	职业不明， 但因犯事而被通缉中。
三弟 张飞 （字益德）	卖酒屠猪

三亮（三顾茅庐）——典故出自三国蜀·诸葛亮《出师表》

官渡之战后，曹操为得到刘备的谋士徐庶，谎称其母病重，要求立刻返回许都。徐庶离开时告诉刘备，隆中卧龙岗有位奇才叫诸葛亮，务必请他辅佐，可成大业。刘备三次登门，终在第三次面见诸葛亮，听完其分析天下形势，刘备非常钦佩，立邀诸葛亮出山入幕，相助于蜀。

口诀联想词：

刘备·桃园三亮	有呗·桃园三辆

口诀记忆法：桃园有三辆车呗。

第四节　蜀汉后主/刘禅

蜀汉后主·刘禅（shàn）　乐不思蜀

乐不思蜀

典故：一日，司马昭设宴招待刘禅，并故意在席间安排了蜀国才有的节目，一时随行者皆为蜀国覆亡深感哀伤，反观刘禅却依然兴高采烈欣赏着节目，对于亡国之痛与旁人的伤感漠不关心。司马昭问其："是否会思念蜀地？"刘禅回答说："在这里无忧无虑，不思念蜀国。"

口诀联想词:

刘禅·乐不思蜀	溜山·乐不似鼠

口诀记忆法：溜进深山，快乐得不似（不是）老鼠。

第五节 吴大帝/孙权

吴大帝·孙权 江东间瑜

江东

孙权,字仲谋。10岁时父亲孙坚去世（孙坚是东汉末年的地方军阀），19岁时其兄长孙策也英年早逝。就这样，孙权成为统管江东地区的最高统领。

三国前期与刘备联手抗曹——"赤壁之战"，后期与曹操联手杀了刘备义弟关羽。

间（离间计——火烧赤壁）

公元208年，曹操率军20万攻伐东吴，孙权命周瑜为大都督，麾军应战。周瑜发觉曹军水寨军阵十分严整，得知对方水军都督是蔡瑁、张允二人，颇为不安。因此二人长居江东，十分熟悉水战。次日，曹军故人蒋干来访，周瑜假装喝醉熟睡，引蒋干翻看书案文信，信中以蔡张二人口吻撰写欲叛曹军，投靠江东。蒋干果真上当，揣书信连夜赶回曹营。曹操本就生性多疑，对此毫无质疑，当即斩杀了蔡张二人。此离间计对火烧赤壁一役产生了巨大影响。

瑜（周瑜）

周瑜，字公瑾。英俊潇洒、精音律，江东有"曲有误，周郎顾"之语。周瑜少与孙策交好，21岁跟从孙策赴战场征讨江东。公元200年，孙策遇刺毙命，亡前将江东势力交付于其弟孙权，并委任周瑜辅佐孙权。

建安十三年（公元208年），周瑜率师与刘备协同于赤壁之战中大败曹军，由此为"三分天下"奠下了坚实基础。建安十五年（公元210年）周瑜病故于巴丘，年仅36岁。

口诀联想词：

孙权·江东间瑜	损钱·江东煎鱼

口诀记忆法：在江东煎鱼吃，损钱（浪费钱）。

第六节　吴末帝/孙皓

吴末帝·孙皓　残暴色鬼

孙皓，孙权之孙，孙和之子。司马炎称帝后，孙皓降，被武帝封为归命侯。

残暴（凶残暴虐）

孙皓研发了各种稀奇古怪的杀人手法。比如剥人面皮，挖人眼睛，削人鼻骨，将水流引入宫中，看不顺眼的嫔妃、婢子直接斩杀，扔入水中。

色（色狼）

孙皓荒淫好色，纵使后宫佳丽数千，依然要求大臣，每年家中有龄满 15 岁的女儿皆要先进宫供他挑选，未被其选上才可出嫁。

鬼（酒鬼）

除好色外，孙皓也是个酒鬼。其经常在宫中设宴，逼迫参加酒宴的大臣喝醉。若有大臣因酒醉而行为略有失态或言语混乱无礼，甚至看向孙皓，皆获罪下狱。

口诀联想词：

孙皓·残暴色鬼	损耗·残暴色鬼

口诀记忆法：残暴的色鬼损耗东西。

第三章　晋朝

晋朝 档案库	公元 265 年——公元 420 年	
	姓名	简记事迹口诀
晋武帝	司马炎	康占荒炫
晋朝存在 155 年，西晋历四帝、东晋历十一帝，本书录入一位。		

第一节　晋武帝/司马炎

晋武帝·司马炎　康占荒炫

康（太康之治）

西晋灭吴之后三年，人口增加了 130 多万户，虽然只维持了十年，却是西晋比较繁荣的时期。

占（占田制）

西晋占田制的推行实施，使农民可以依法占有了一定面积的土地。男子可占耕地 70 亩，女子占耕地 30 亩。

荒（荒淫）

国家安定后，司马炎开始在昏君的道路上一去不复回。

其为了物色美女，颁布了一条诏令——"禁天下嫁娶"。凡适龄女子皆要参加海选，姿色靓丽者填充后宫。

炫（攀比炫富）

由于司马炎爱炫富的习惯，大臣们纷纷效仿。最为惊人的便是石崇与王恺斗富，双方以"糖水洗锅""蜡烛当柴烧火""铁如意击碎珊瑚树"等行为常常在财力方面"一较高下"。

口诀联想词：

司马炎·康占荒炫	驷马言·抗战黄轩

口诀记忆法：君子一言，驷马难追。抗战片让黄轩主演。

第四章　隋朝

隋朝 档案库		公元 581 年——公元 618 年
	姓名	简记事迹口诀
隋文帝	杨坚	宇文刑皇
隋炀帝	杨广	运河高句丽
隋朝存在 37 年，历三帝，本书录入两位。		

第一节　隋文帝/杨坚

隋文帝·杨坚　宇文刑皇

三让宇文

杨坚之父杨忠早期追随宇文泰起兵屡立战功，北周王朝建立后被封为"随国公"。

由于名门之后，年仅 16 岁的杨坚已是骠骑大将军，与北周武帝宇文邕（yōng）（宇文泰第四子）攻伐北齐不断立下战功，又将女儿杨丽华嫁给当时身为北周皇太子的宇文赟（yūn），稳固了"随国公"坚不可摧的地位。公元578年，周武帝驾崩，宇文赟继位后本想杀除杨坚，却苦于没有机会。公元580年五月，宇文赟病故，8岁长子宇文阐继位。大臣伪造诏书，让随国公杨坚接受遗命，辅佐朝政，此后杨坚一直控制宇文家族。

公元581年，宇文阐宣布禅位，由杨坚登基称帝。杨坚三次虚与委蛇推脱后表示受天命，定国号为"隋"。

刑（废刑）

隋朝建立之初，杨坚废除了前朝过于残暴的酷刑。(例：宫刑、车裂等)，建立以死、流、徒、杖、笞为主的五刑制。

刑法名称	刑法内容
死刑	分绞和斩二等。
流刑	里程分二千里、二千五百里、三千里，三等。
徒刑	刑期分一年、一年半、二年、二年半、三年，五等。
杖刑	以十为一等，分五等，即从六十到一百下。
笞刑 chī	以十为一等，分五等，即从十到五十下。

皇（开皇之治）

隋文帝统一全国之后，本着以民为本的政治方针进行了一系列相应的改革措施——减税轻刑、开凿大型水利工程、在民间设立义仓以备荒年赈灾等。这段盛世场景被称为——开皇之治，是长期分裂后出现的短期繁荣。

口诀联想词：

杨坚·宇文刑皇	（杨坚谐音杨戬）二郎神·语文心慌

口诀记忆法：语文考试，拜二郎神杨戬，不会心慌。

第二节　隋炀帝/杨广

隋炀帝·杨广　运河高句丽

运河（隋唐大运河）

隋朝大运河是在天然河道和古运河的框架上贯通的水道，以洛阳为中心跨越中国南北。

隋炀帝杨广上位后，将首都定在洛阳城。为了连接南北方，特此发动百万民众从洛阳修建两条河，一条通往北京，一条通往扬州。

（元朝的京杭大运河是在隋唐大运河之上加以修改建造的）

高句丽（三征高句丽）

高句丽（gāo gōu lí），跨越中国东北地区及朝鲜半岛的国家。（当时朝鲜三国为：高句丽、百济和新罗）公元612年2月，杨广以高句丽国君不肯朝见为由，开启一年一次亲征高句丽。这种征伐维持三年，导致隋朝末年怨声载道，民不聊生，农民起义爆发。

口诀联想词：

杨广·运河高句丽	阳光·运河高够梨

口诀记忆法：阳光下的运河边，高高够梨子。

第五章　唐朝

唐朝 档案库		公元 618 年——公元 907 年
	姓名	简记事迹口诀
唐高祖	李渊	用二除表
唐太宗	李世民	玄武贞观
唐高宗	李治	九二发则
圣神皇帝	武则天	女皇无字
唐玄宗	李隆基	韦平开元杨

　　唐朝存在 289 年，历二十二帝（另有文献记载仅为二十位，武周权政非李氏天下），本书录入五位。

第一节 唐高祖/李渊

唐高祖·李渊 用二除表

用二除表（其二子李世民）

李渊，唐朝开国帝王，其乃北周的贵族后裔，七岁承袭唐国公，。母独孤氏为杨广的亲姨母（隋文帝杨坚之妻独孤皇后的姐姐），按辈分，李渊是杨广的表哥。

公元 617 年二月，李渊正式举兵反隋，与其子李建成、李世民二人在同年 11 月占领长安，后推翻杨广统治的隋朝。

（李渊共 22 个儿子）

口诀联想词：

李渊·用二除表	壹元·用二出表

口诀记忆法：用二个壹元卖出表。

第二节　唐太宗/李世民

唐太宗·李世民　玄武贞观

玄武（玄武门之变）

李渊登基后，册立嫡长子李建成为皇太子，次子李世民为秦王，四子李元吉为齐王。由于李世民功高望重，遭手足妒忌，三人逐渐分为两个派系，太子和齐王一派，秦王一派，相互间明争暗斗。

著名的"玄武门之变"发生于武德九年（公元 626 年）

六月，李世民于玄武门杀其兄长李建成、四弟李元吉，又逼其父李渊重立自己为皇太子，并于同年八月让位，其登基。

贞观（贞观之治）

唐朝的第一个全盛时期，当时年号"贞观"。

除了"以史为镜"、求贤纳才、严禁大兴土木、明令禁止厚葬、提倡节俭、加强法律建设外，唐太宗的一系列政策可谓"以文安邦，以武定国"。

文可安邦		
设立三省六部	三省：中书省、门下省、尚书省	六部：吏、户、礼、兵、刑、工
完善科举制度	被录取称"及第"。第一名称"状元"。新科进士互称"同年"。	
加强文化交流	鉴真法师·东瀛（日本）	松赞干布·吐蕃（西藏） 玄奘法师·天竺（印度）

武可定国	
攻打突厥	大将军：李靖（托塔天王原型）
攻打西域	不同于汉朝，唐朝收服西域后，将西域领土直接画入唐朝地图中。

口诀联想词：

李世民·玄武贞观	你实名·选我针管

口诀记忆法：你实名选我的针管。

第三节 唐高宗/李治

唐高宗·李治 九二发则

九（太宗九子）

李治，李世民的第九个儿子。

二（二圣临朝）、发则（发则 = 发现武则天）

李世民晚年体弱多病，李治因常在其身边侍奉，逐渐与李世民的嫔妃武才人（武则天）建立了感情。贞观二十三年（公元 649 年），李世民因病驾崩，按例武则天削发入感业寺为尼。一年后五月，李治在祭奠太宗之时入感业寺进香，再次遇见武氏。翌年，待其孝服已满，接武氏二次入宫。

永徽六年（公元 655 年）李治废王皇后，改立武则天为皇后。

显庆五年（公元 660 年）十月，李治因头疼病重、目不能视，只得由皇后代其处理朝政。因此武氏势力进一步增强，逐步主导政局。显庆末年，李治在武则天的提议下采用"天皇"称号，与天后武氏并称"二圣"。

口诀联想词：

李治·九二发则	荔枝·揪耳罚责

口诀记忆法：偷吃荔枝，要被揪着耳朵惩罚责备。

第四节　圣神皇帝/武则天

圣神皇帝·武则天　女皇无字

女皇（第一女皇）

武则天，其父效忠于高祖李渊，成为大唐开国功臣之一，其母为隋朝宰相之女杨氏。12 岁丧父，14 岁被唐太宗李世民召入宫中封为才人，入宫后又因容貌妩媚动人，被赐名"武媚"。

公元 646 年，李世民病重，武则天侍奉左右之时与太子李治建立了感情。太宗驾崩，武则天削发为尼入感业寺。公元 651 年，李治的孝服期满，便接武则天再度入宫。入宫后，武氏先与王皇后联手宫斗当时极度受宠的萧淑妃，使其被废为庶人。而后再掐死自己刚足月的女儿并嫁祸于王皇后，从而取代其后位。

公元 674 年 8 月，天皇李治与天后武则天并称"二圣"，二圣临朝的局面由此稳定。在武则天掌政时期，其宗教政策为推崇佛教，尊佛胜道。

公元 683 年 12 月，李治驾崩，太子李显登基，尊武则天为皇太后。

公元 684 年，武则天借故废黜唐中宗李显为庐陵王，另立第四子李旦为唐睿宗。

公元 690 年，武则天于九月九日亲临则天门，大赦天下，改唐为周，将首都迁至洛阳，成为中国历史上唯一的正统女皇帝。

无字（无字碑）

乾陵，武则天与李治的陵墓。墓前立有两块石碑，西侧是武后为李治而立的碑，其亲自撰写 5000 余字碑文，歌颂了高宗在位期间的丰功伟绩；东侧则是其为自己所立的无字碑。历代皇帝无一不希望将毕生建树树碑立传、流传千古，而作为中国历史上唯一一位女皇帝，武则天却选择以一块空白的石碑任后世自由指点评说。虽石碑无字的原因至今都存有争议，但毋庸置疑，第一女皇统治天下的气魄，任后世人才辈出也依旧难望其项背。

口诀联想词:

武则天·女皇无字	捂着天·女皇屋子

口诀记忆法:女皇在屋子里捂着天。

第五节　唐玄宗/李隆基

唐玄宗·李隆基　韦平开元杨

灭韦（韦皇后）

韦香儿（韦皇后），李显之妻。武则天驾崩后，由于唐中宗李显生性懦弱，其趁机勾结武三思擅权妄为，败坏朝纲，形成以韦氏为核心的武、韦专政集团。公元710年，韦皇后与其小女儿李裹儿（安乐公主）联手毒死李显，欲效法武后自立称帝。后李旦父子（李旦、李隆基）与太平公主发起政变，韦皇后与安乐公主被杀死于宫中。

平（太平公主）

李令月（太平公主），唐高宗与武则天之女，生平极其受母亲武则天的宠爱。

公元 710 年，参与了李旦父子灭韦政变，后因想效仿其母当女皇，于公元 713 年密谋发动叛变，未料计划提前泄露，被李隆基下诏赐死在家中。

开元（开元盛世）

李隆基登基之后，以道家清静无为的思想为治国之道，提倡"文教"。在政治上善用贤能，精心选拔了六位宰相共辅朝政；在经济上大力改革，治理贪腐，发展农业，用"均田制"将土地分给无地的农民；在军事上提高军队战斗力，陆续收复 13 州，重新打通了"丝绸之路"。就这样，唐朝达到了文化、政治、经济、军事全面强盛的顶点，世界其他各国纷纷派遣使者入长安向玄宗称臣，一时间"万国来朝"。这就是中国历史上最强盛繁荣的"开元盛世"。

杨（杨玉环）

杨贵妃，四大美人之一，小字玉环。

公元 737 年，武惠妃（寿王李瑁的母亲）病死，李隆基伤心不已，此时有人上言杨玉环（寿王妃）资质天挺，国色天香，于是玄宗将其招入后宫。

公元 740 年，李隆基以为其母窦太后祈福之名，敕令杨玉环出家为女道士，道号"太真"。

公元 745 年，玄宗为寿王李瑁另立韦氏为王妃后，接杨玉环入宫，册立为贵妃。此时由于玄宗已废后，贵妃之位等同于后位。

由于杨玉环受重宠，杨家连带得势，其三位姐姐被封夫人，兄弟均赠高官，族兄长杨国忠更是在宰相李林甫去世后继任为相。随着贵妃得宠，杨家专权，玄宗沉湎酒色，开元盛世的局面开始崩塌。一方面均田制逐渐瓦解，为了满足皇家的奢侈无度，朝廷横征暴敛，征税征到30年后。另一方面，杨国忠为了收拢人心，发展自己的派系势力，一人垄断了选官大权，择不论贤。天宝年间唐朝经济民不聊生，军事战备松懈、朝廷腐败黑暗。

公元755年，安禄山与史思明起兵直逼长安，这就是史上著名的"安史之乱"，杨国忠被乱刀砍死，杨玉环也被缢死于马嵬驿。

口诀联想词：

李隆基·韦平开元杨	一笼鸡·唯品开鸳鸯

口诀记忆法：唯品会开会，鸳鸯火锅煮一笼鸡。

第六章　宋朝

宋朝 档案库	公元 960 年——公元 1279 年	
	姓名	简记事迹口诀
宋太祖	赵匡胤	郭柴陈桥，杯酒统权
宋太宗	赵光义	烛影斧声
宋仁宗	赵祯（zhēn）	三发包狄
宋神宗	赵顼（xū）	安石西夏
宋徽宗	赵佶（jí）	高蔡失金
宋高宗	赵构	秦岳和字
宋朝存在 319 年，北宋历九帝、南宋历九帝，本书录入六位。		

第一节　宋太祖/赵匡胤

宋太祖·赵匡胤　郭柴陈桥，杯酒统权

郭（郭威）

郭威，河北人。公元 948 年，赵匡胤前往河北投于后汉大将郭威帐下。两年后，郭威发动政变，建立了后周王朝。其生活节俭，善用贤能，虚心接受臣下提出好的意见，在动乱的五代十国可称之为好皇帝，同时郭威也推动执行了一些有益的措施，逐渐稳定住极为混乱的北方社会，为后来赵匡胤的大业打下了坚实的基础。

柴（柴荣）

柴荣，河北人。公元 953 年，郭威任命养子柴荣（郭威妻柴守玉之侄）为开封府尹，赵匡胤转为开封府马直军使。次年，郭威驾崩，柴荣即位（周世宗）命赵匡胤掌管禁军。同年，北汉发兵攻打后周，赵匡胤率兵迎战，大捷。之后的战役赵匡胤凭借有勇有谋，逐渐在军中有着显赫的地位。

陈桥（陈桥兵变，黄袍加身）

公元 958 年，柴荣驾崩，年仅七岁的柴宗训（后周恭帝）继位，一时间人心惶惶。半年后边境传来被入侵的消息，小皇帝命赵匡胤起兵御敌。兵至陈桥夜宿，赵匡胤的亲信在军中传播"皇帝年幼，应当拥护赵匡胤为皇帝，再出发北征。"的思想，一时间将士们情绪激动，赵光义及赵普二人借机示意左右将事先准备的黄袍披在假意装醉的赵匡胤身上，拥立他为皇帝。以宋为国号，定都于开封。

杯酒释权（杯酒释兵权）

宋初，赵匡胤为稳固军权，加强中央集权，通过一次酒宴以"人生苦短，及时行乐"为中心思想，威逼利诱为主要手段，劝退了与其一起奋斗过江山的高阶军官们。使大家和平地交出兵权，告老还乡。这是历史上著名的安内方略。

口诀联想词：

赵匡胤·郭柴陈桥，杯酒统权	找矿银·锅柴陈桥杯酒

口诀记忆法：找到矿银去买锅和柴，在陈桥煮杯酒。

第二节 宋太宗/赵光义

宋太宗·赵光义　烛影斧声

烛影斧声（千古奇案）

公元 961 年六月，太后杜氏驾崩，在其病重间曾与太祖和宰相赵普立下了"金匮之盟"。

（金匮之盟——就是杜太后命赵匡胤在死后传位于其二弟赵光义，而非子嗣。这份遗书后藏于金匮中，故称金匮之盟。）赵普一直极力反对，主张立太祖之子为新帝，未果。

公元973年8月赵普被罢相，同年9月，赵光义册立为"晋王"。

公元976年，太祖赵匡胤病重，去世当晚与晋王议事，摒去左右侍奉，不久有人见殿中烛光闪动，赵光义人影似有闪躲避让，又传来斧子落地之声，后太祖驾崩。

关于赵匡胤之死成为千古奇案。

口诀联想词：

赵光义·烛影斧声	照光衣·烛影附身

口诀记忆法：照见阳光的衣服被烛影附身。

第三节　宋仁宗/赵祯

宋仁宗·赵祯 [zhēn] 三发包狄

三发（三大发明）

仁宗执政时，三大发明都在这一时期得到发展及完善。

活字印刷术

毕昇用细腻且可塑有黏性的胶泥制成四方形柱体，将顶面刻上字体，用火烧硬，形成一个个坚固的单体字。需要印刷文稿时，便取出所需字体，按序排列整齐，放在铁框上做成一张印版，加热压平即可印刷，结束后将活字取下，还可重复使用。

磁罗盘（指南针）

指南针最早出现在战国时期。人们借助磁石的特性而制成。其器具的雏形像一把汤勺，圆底，置于平滑的"地盘"上不仅可以保持平衡，且能自由旋转。当它静止不动的时候，勺柄会朝向南方。古人称它为"司南"。宋朝后期，由于航海发展的需要，又发明了水浮式指南针。

火药

火药始于隋唐时期，最初是源于道家炼丹术，后逐渐转到军事方面。宋朝的时候，已经有铁罐型的杀伤性武器。

包（包拯）

包拯，安徽人，北宋杰出的政治家，"铁面无私""明察秋毫"为其代名词。天圣五年（公元 1027 年）考取进士。后因父母谢世而辞官服丧，三年期满后，出任天长知县。上任第二年，以"牛舌案"展示出其审案明敏正直，执法手腕果断周密的。在其为官期间不畏皇权，执法严峻，乃中国史上清官的典范。嘉祐元年（公元 1062 年），64 岁的包拯病逝于开封，京师百姓，无不伤感。（另有记录其逝于安徽）。

狄（狄青）

狄青，山西人，骁勇善战，曾于范仲淹麾下立有大功，深受器重。因面部有刺字（西北军为防止士兵逃亡，故在士兵面部刺字），人称"面涅将军"。据记载狄青生平经历过 25 场大战，因在战场上习惯披散头发，面带青铜面具，所向披靡，西夏兵称其为修罗。

口诀联想词：

赵祯 [zhēn]·三发包狄	找针·三罚胞弟

口诀记忆法：三番五次惩罚胞弟找针。

第四节　宋神宗/赵顼

宋神宗·赵顼 [xū]　安石西夏

安石（王安石变法）

公元 1067 年，宋英宗病逝，十九岁的赵顼继位。宰相曾公亮为排挤他人向赵顼举荐王安石。由于神宗还为太子时师从王安石的好友韩维，故对其印象深刻，当即召其赴京推行变法，史称"熙宁变法"（又称为"熙丰变法"）。王安石变法主要分为三个部分："富国""强兵""取士"。新政出台，立遭众臣反对，甚至与王安石本交情深厚的翰林学士司马光（砸缸的那位）也颇有异议。王安石不为所动，执意继续推行新政。

熙宁四年，王安石拟免役法，由官府雇人充役；熙宁五年，其颁布市易法，控制商贸物价；同年八月，再次公布方田均税法，规定每年九月由当地县官丈量土地后分等级纳税。除此之外王安石还推行了"强兵法""保甲法"等。公元1069年，王安石又废除诗赋，专以义、论、策取士（宋朝科举以进士科为主）。此等变法还集思广益，不分贵贱有好建议者均可入京献策。然而新法严重限制、打击了皇亲国戚及官商大贾的利益，一时间朝廷上下矛头直指王安石，熙宁七年，王安石被罢官。

西夏（惨败西夏）

公元1082年，神宗命兵伐西夏，期图一举歼灭。未料惨败永乐城之战，损失士兵、民夫、工匠等20余万人。神宗也因此备受打击，公元1085年立储后，郁郁而终。

口诀联想词：

赵顼 [xū] · 安石西夏	招婿 · 暗示膝下

口诀记忆法：暗示膝下无子要招婿。

国号靖康。

公元 1126 年，朝臣以宰相白时中、李邦彦为首主张议和，投降，他们建议钦宗弃城南逃。李纲不断据理力争，坚持据守京城。钦宗最终停止出走，却与金兵议和，将河北三镇割让给金国，且每天往金国运送大量金帛。不料金兵违约，继续南侵，李纲奉命前往南京迎接宋徽宗回返，此时徽宗不顾家国安危，依然奢靡度日。一个月后，李纲被罢免兵权，贬往扬州。

公元 1127 年，金兵迅速攻克北宋都城汴京，徽宗、钦宗、连带宗室百官数千人皆沦为俘虏。北宋王朝从此灭亡。

口诀联想词：

赵佶 [jí]·高蔡失金	着急·搞菜失金

口诀记忆法：搞菜时丢失金钱，着急。

第六节　宋高宗/赵构

宋高宗·赵构　秦岳和字

"青山有幸埋忠骨，白铁无辜铸佞臣。"

秦（秦桧）

秦桧，江苏人。中国历史上著名的奸臣。"靖康之难"时，秦桧与妻子被俘至北方，后凭借阿谀奉承，竭力赞同议和获金太宗赏识及信任，放其归宋。再依仗与高宗相同的求和之心在朝中逐步掌权，排挤走当初极力推荐他的宰相范宗尹。

公元 1141 年，宋金签署"绍兴和议"，同年十二月，秦桧因岳飞在议和等方面曾与自己有过冲突而污蔑其意图谋反。公元 1142 年，岳飞被赐死。独揽大权后的秦桧以奏祥报、文字狱等方式粉饰太平，直到提出"南人归南，北人归北"的计划，引起民愤方被罢官。后又因金兵欲南下，再次被高宗召回，复官求和。

岳（岳飞）

岳飞，河南人。抗金英雄，南宋中兴四将之首（中兴四将：岳飞，韩世忠，张俊，刘光世）。

带领岳家军竭力抗金，成为南宋初年最有战斗力的一支军队。金人说"撼山易，撼岳家军难"。在郾城、颍昌之战中，岳家军势如破竹，横扫金兵，挟胜利之势本有望收复中原。却遭小人陷害，高宗猜忌。公元 1140 年，岳家军取得郾城大捷后，欲乘胜追击，此时一心投降的宋高宗连发 12 道金字牌强令岳飞班师回朝，岳飞愤惋泣下："十年之力，废于一旦！"，悲愤至极写下《满江红·怒发冲冠》一词。公元 1141 年，在秦桧的撺掇示意下，张俊（中兴四将之一）利用岳家军内部矛盾，先出面首告岳飞爱将张宪"谋反"，从而牵连岳飞，指控其意图谋反。主审官见岳飞背后"精忠报国"（年少时其母纹于背后）四字后知此为冤案，上报秦桧。秦桧却答："此上意也"，后改命万俟卨（mò qí xiè）望屈打成招，岳飞、岳云（其子）与张宪三人宁死不供。同年十一月，万俟卨拟造数条罪名欲将岳飞判以死罪，大理寺丞李若朴、何彦猷先后与其竭力争议，均遭罢官处分。已解甲归田、赋闲在家的韩世忠（中兴四将之一）质问秦桧，得"莫须有"之复。公元 1142 年，岳飞被赐毒酒，时年 39 岁，岳云及张宪被斩。

和（求和）

公元 1127 年，金太宗废除徽、钦二宗，并押解回北方。同年五月，赵构即位，迁都临安（今南京），南宋就此展开。登基后的赵构露出贪生怕死的本质，不仅裁撤了对抗金兵的主战将臣，还颁布了法令"非议朝廷者，斩"以堵悠悠之口。更甚在仓皇落跑时曾对金军表示愿削去帝号，对金称臣纳贡。

公元 1132 年，赵构将南宋迁都杭州，并允诺每年向金贡银 25 万两以求和。不料金兵再次毁约出兵南下，此时岳飞出现，一路横扫，金兵节节败退。

公元 1141 年，赵构派秦桧与金兵议和，对方条件是：杀了岳飞。于是一代名将含冤而亡。公元 1155 年，秦桧病故，赵构继续向金军俯首帖耳。且朝中若有异议，便流放或发配。

字（书法）

赵构是一位杰出的艺术家，其精通诗词与音乐，擅长书法、绘画。其对南宋书坛兴盛的影响颇大。

口诀联想词：

赵构·秦岳和字	找狗·晴月盒子

口诀记忆法：晴天有月亮拿着盒子找狗。

第七章　元朝

元朝 档案库		公元 1206 年——公元 1368 年
	姓名	简记事迹口诀
元太祖	铁木真	罕十三六
元世祖	忽必烈	灭宋建元
元朝存在 162 年，历十一帝，本书录入二位。		

第一节 元太祖/铁木真

元太祖·铁木真 罕十三六

罕（王罕）

铁木真九岁那年其父（也速该）被塔塔儿人毒杀，孤儿寡母的困境下，其母（柯额伦）凭借胆识与勇气，延续了乞颜部。迫于生存的压力，长大后的铁木真决定投靠其父在世时的安达（异姓兄弟）——王罕（克烈部首领）。

王罕收其为义子，并同札木合（铁木真的安达）一并协助铁木真打败蔑儿乞人。

公元 1203 年，因铁木真的势力日益强大，王罕倍感不安命其子桑昆进攻铁木真的部落，铁木真假意求和后攻其不备，同年秋，王罕大败逃至乃蛮，终死于当地人之手。

十三（十三翼之战）

公元 1184 年左右，铁木真成为蒙古乞颜部可汗，其势力的快速增长使安达札木合心存芥蒂。次年，扎木合的弟弟给察儿在盗取铁木真属部的马群时，被其部落首领射死，这导致兄弟彻底反目。公元 1190 年，札木合以为弟弟报仇为由集结草原十三部落势力，约三万人马进攻铁木真。铁木真大败，逃至斡难河上游的狭地。札木合在胜利之后残忍地将乞颜部族俘虏活煮了，如此暴行引起了很多部族的不满，纷纷投靠了铁木真。对于铁木真而言，此战虽然大败，却得了人心。公元 1204 年，铁木真活捉札木合，并以不流血的方式赐死，保留了其尊严。至此草原五大部落皆被铁木真吞并。

公元 1206 年春，铁木真被推举成为全蒙古的大汉，上尊号——成吉思汗。成吉思在突厥语中有"大海"的意思，成吉思汗寓意"海王"。

六（六十六岁薨于六盘山）

公元 1227 年秋，成吉思汗于清水县六盘山去世，享年66 岁。

其子拖雷、窝阔台等人护送灵枢回大汗生活的地方，沿途为封锁消息遇人便杀。至今汗陵处于何地始终是个谜。

口诀联想词：

铁木真·罕十三六	贴木针·喊十三楼

口诀记忆法：喊在十三楼贴木针。

第二节 元世祖/忽必烈

元世祖·忽必烈 灭宋建元

灭宋建元

公平 1241 年，窝阔台（元太宗）去世，其子贵由继位，三年后，在"西巡"途中暴毙于横相乙儿（今新疆青河县）。贵由死后，公元 1251 年，拖雷长子蒙哥（窝阔台的养子）继承汗位。公元 1259 年，蒙哥在攻打南宋时，不幸负伤病死军中，拖雷四子忽必烈夺得汗位。

公元 1260 年，忽必烈采用中国传统王朝年号纪年，建元"中统"。

公元 1276 年，南宋谢太后任文天祥为相，出使议和，然被忽必烈扣押。谢太后无计可施只得交出玉玺表示投降。同年五月，忽必烈召见被羁押的小皇帝，并废去其帝号。

公元 1279 年，文天祥被俘，南宋灭亡。至此元朝完成统一大业，按汉族王朝文化，改"大汗"为"皇帝"。

口诀联想词：

忽必烈·灭宋建元	忽壁裂·灭送件员

口诀记忆法：忽然墙壁裂开，灭口送件员。

第八章　明朝

明朝 档案库	公元 1368 年—公元 1644 年	
	姓名	简记事迹口诀
明太祖	朱元璋	黄红俭贪
明成祖	朱棣	迁北造船，永瓜郑夺
明　正统／天顺	朱祁镇	土木南宫葬
明　成化	朱见深	独万三过
明　正德	朱厚照	豹刘钱分
明　嘉靖	朱厚熜（cōng）	礼左生寅
明　万历	朱翊钧	张鞭战赤
明　天启	朱由校	爱木助贤
明　崇祯	朱由检	阉袁李缢
明朝存在 276 年，历十六帝，本书录入九位。		

第一节　明太祖/朱元璋

明太祖·朱元璋　黄红俭贪

朱元璋，家中排行老六，幼时名为重八。

黄（黄觉寺）

公元 1344 年，朱元璋家乡逢大旱又遭蝗虫瘟疫，全家仅存三人（他与大嫂，侄子），为糊口维生，17 岁的朱元璋在黄觉寺剃度出家。

红（红巾军）

公元 1351 年，元末农民大起义爆发。25 岁的朱元璋受军中同乡相邀，还俗投奔红巾军首领郭子兴。朱元璋入伍后凭借才识胆量很快得到郭子兴的赏识，不仅收其为亲信，还将养女马氏（明太祖孝慈高皇后）嫁给他。

公元 1355 年，郭子兴病逝，朱元璋以谋士朱升提出的"高筑墙，广积粮，缓称王"为主要策略，秘密发展扩张自己的实力。

公元 1368 年，朱元璋的北伐大军攻陷元大都，蒙古军落荒而逃，明军占领长城以内地区。正月，朱元璋称帝，国号"大明"，中国终于回到汉族统治的王朝时代。

俭贪（尚俭惩贪）

由于农民出身，朱元璋上位后鼓励垦荒、实行屯田，崇尚廉洁，严惩贪腐。至洪武二十六年，全国一年的税粮已是元朝的三倍之多。为整治贪官，朱元璋不仅设立了著名特务机关——锦衣卫，还发明了各种骇人听闻的刑法，例如："剥皮揎草"、挑筋、断指、断手、削膝盖等酷刑，以警示继任官吏勿要重蹈覆辙。其当政期间杀掉的贪腐官员有十数万之众。

口诀联想词：

朱元璋·黄红俭贪	住院杖·恍惚健谈

口诀记忆法：因为精神恍惚住院，现在拄着拐杖很健谈。

第二节　明成祖/朱棣

明成祖·朱棣　迁北造船　永瓜郑夺

迁北

北平是燕王（朱棣）的封地，在夺得侄儿的皇权并稳固政权之后，朱棣决定迁都北平。为此耗时 14 年修建了北平皇宫（也就是如今的北京故宫）。

造船

在修建新都之时，朱棣大力发展经济，着重于农业、商业，手工业，畜牧业及制造业，其中以造船业最为发达。公元 1403 年 5 月，朱棣命福建都司造百三十七艘海船；同年 8 月，其又命京卫及浙江、湖广、江西、苏州等府卫造海运船二百余艘。当时的中国一度是世界上最先进的造船大国。

永（永乐大典）

朱棣在位期间，前后耗时四年，动辄数千人编著了《永乐大典》一书。此书是当时世界上最大的百科全书。初名《文献大成》，全书共 22937 卷，共 11095 册。因战火席卷，今仅存 800 余卷且散落于世界。

瓜（瓜蔓抄）

瓜蔓抄，有顺藤摸瓜，赶尽杀绝之意。是永乐年间定刑的最残酷的连坐之法，不同于诛九族或诛十族，瓜蔓抄没有具体范围限制，可以任意发挥，甚至于街坊四邻皆可受到广泛株连。

事出典故：明成祖时期，大臣景清藏着凶器入朝，想刺杀朱棣，为明惠帝朱允炆报仇，事情败露。成祖大怒，下令将景清磔（zhé）死（酷刑，分裂肢体），并将他的家族全部株连，后来还不解恨，把与他相关的乡亲与邻居全部处死，于是整个村子变为废墟。

郑（郑和）

公元 1405 年至公元 1433 年，二十八年间，朱棣派郑和七下西洋，纵横于太平洋与印度洋，行迹遍布 30 多个国家和地区。这是中国古代规模最大、船舶数量最多、海员最多、时间最久的海上航行，比欧洲国家远航时间还要早半个多世纪。

夺（清君侧）

靖难之役：明太祖朱元璋驾崩后，原太子朱标之子朱允炆（皇长孙）继位（即明惠帝）。

公元 1399 年，明惠帝与臣子密议削藩，由于燕王势大难攻，故而从其弟周王起逐一削夺，湘王被逼自焚，余皆废为庶人。同年，朱棣起兵反抗，挥师南下，以"清君侧"为名攻入京师，篡位称帝。朱允炆下落不明。

口诀联想词：

朱棣·迁北造船，永瓜郑夺	驻地·前辈造船，用瓜真多

口诀记忆法：驻地里，前辈造船用瓜的地方真多。

第三节 明英宗/朱祁镇

明 正统 / 天顺 · 朱祁镇（明英宗）土木南宫葬

土木（土木堡之变、王振）

土木堡之变，公元 1449 年蒙古大举进军。同年七月，瓦剌军大破山西大同，战况紧急，英宗决意效仿曾祖父（朱元璋）御驾亲征，平复漠北。王振以"男儿志在沙场"的雄心表愿随英宗率军出战，获准。朱祁镇率军抵达大同后由战场惨烈及实力欠缺，只得退兵返京。撤军途中，王振因离老家较近，若能带英宗回乡必是极其风光的，便随意改变行程路线。后因怕大军踩坏家乡庄稼，再次仓促改道。如此一来，明军疲惫不堪，在土木堡被追击上来的瓦剌军"关门捉鳖"。王振被英宗身边护卫悲愤交加下用铁锤锤死，朱祁镇成为瓦剌军阶下囚。

王振，河北人。明朝第一代专权太监。早年为贴身太监侍奉在还是太子的朱祁镇身边，由于王振曾在内书堂（公元 1426 年专为培养宦官而设立的机构）接受过训练，除去玩乐，还教太子念书。故而太子非常尊重他，称呼其"王先生"。公元 1435 年，宣宗病故，9 岁的朱祁镇继位（即明英宗），王振理所当然成为宦官中权力最大的太监。公元 1440 年，朝中辅政阁老相继离世，16 岁的英宗开始事事依赖"王先生"，王振的势力得以迅速扩张，其掌控朝局，结党营私，不断以权谋私扰乱朝政。

南宫（南宫复辟）

公元 1450 年 8 月，被掳的朱祁镇因瓦剌军与大明议和而被释放回京，此时明代宗朱祁钰（朱祁镇之弟）已即位，瓦剌军有"坐山观虎斗"的目的。果不其然，朱祁镇一入京，代宗（景泰帝）立刻以"太上皇"久居漠北，需静息养身为名，将其软禁在皇城南宫，并断绝其所有可与外界联系的途径。这一软禁便是七年之久，其中代宗为保皇位不惜毁约，废除原定太子朱见濬（朱祁镇之子），册立自己儿子朱见济为新储君。不料，一年后朱见济病故。

公元 1457 年，朱祁钰重病，朱祁镇在大臣徐有贞等人及宦官的帮助下，夺回皇位。造就明朝史上著名的"南宫之变"（又称"夺门之变"）。

葬（殉葬）

公元1464年，38岁的朱祁镇病逝，其留下遗诏废除自明太祖起所设立的后宫嫔妃殉葬制度。

口诀联想词：

朱祁镇·土木南宫葬	助其阵·土木难攻脏

口诀记忆法：因为土木难攻克，因为脏，所以帮助其破阵。

第四节　明宪宗/朱见深

明　成化·朱见深（明宪宗）（曾用名：朱见濬/浚）独万三过

独万（万贵妃）

万贞儿，山东人。4岁入宫，19岁起服侍朱见深，在其内心留下了无法替代的位置。公元1464年，16岁的朱见深登基，封35岁的万氏为贵妃，为其废除皇后，于是备受宠爱的万贵妃统御后宫。公元1466年，万贵妃所出的皇长子夭折，异常善妒的她开始严格管控宪宗子嗣问题，宫中有孕者皆被堕胎或处死，朱佑樘（明孝宗）侥幸存活，却因堕胎药物导致头顶失发。公元 1487 年，万贵妃去世，朱见深哀痛欲绝，不久也驾崩了。

三过（三个过失）

一、增建西厂（皇帝私人的特务机构）

公元 1476 年，因一平民用符术勾结太监随意进出禁门预谋不轨，导致明宪宗于成化十三年（公元 1477 年）成立西厂，由宦官汪直统领，禁卫军、锦衣卫内选拔一百余军官组合而成。初期目的只为刺探情报，但汪直为表忠心，构置要案、大案，且其破案速度及数量远远超越锦衣卫及东厂（明成祖朱棣设立的机构）。逐渐西厂势力愈变愈大，往往不经朱见深同意，直接逮捕朝廷重臣，严刑拷打，屈打成招。一时间朝野上下人心惶惶，最终在众臣一致上奏中，宪宗撤销了西厂。

二、设立皇庄（皇帝私人的土地）

皇庄的设立基本可定为，宦官为皇室搜集钱财以填充宫中奢侈无度的缺口。

三、传奉官（皇帝私自任命的官员）

朱见深迷恋方术，从而导致大批逸佞之徒以敬献方术而被明宪宗直接授予官职。这类官员为称为"传奉官"。

口诀联想词：

朱见深·独万三过	主健身·读完三国

口诀记忆法：主任健身时读完三国。

第五节　明武宗/朱厚照

明　正德·朱厚照（明武宗）　豹刘钱分

豹（豹房）

朱厚照为自己建造的乐园，并在内生活了14年，再没回过乾清宫。豹房作用有三。

一，饲养野兽。由于朱厚照对野生动物极感兴趣，便捕获后圈养在豹房内，供其驯养。

二，关养女人。朱厚照非常好色，除了动物外，豹房内养着大批妃子及宫女，甚至其无视王法从京城掠夺的民女也直接关进豹房。

三，金库。按当时的规定，全国征索的财产尽数收归于豹房，这里也是贪污腐败的重点区域。

刘（刘瑾）

刘瑾，陕西人。掌印宦官，八虎之首（东宫随侍的八位太监号称八虎）。此人能言善辩，引导武宗（朱厚照）一味玩乐，深得欢心，从而权倾朝野。

钱（钱宁）

钱宁，陕西人。明朝锦衣卫官员，生性狡诈，武宗义子，曾为豹房出力很多。

分（分身出征）

公元1517年，蒙古叩关来袭，朱厚照本欲亲征，遭众臣万般阻挠甚至以死要挟，只得作罢。不过朱厚照私下想出一个主意，他封自己为"大将军朱寿"，后以此身份率兵出征。

口诀联想词：

朱厚照·豹刘钱分	诸侯找·保留前锋

口诀记忆法：诸侯找保留前锋的理由。

第六节　明世宗/朱厚熜【嘉靖】

朱厚熜

明　嘉靖·朱厚熜 [cōng]（明世宗）　礼左生寅

礼（大礼仪）

公元 1521 年，朱厚熜登基（即明世宗），翌年改元嘉靖。由于朱厚熜父亲朱祐杬（yuán）（兴献王）乃朱祐樘（chēng）（明孝宗）亲兄弟，其即位不久后因如何定兴献王的尊号（皇帝还是皇叔）而与以杨廷和（拥其继位之臣）为首的朝臣发生长达三年的争执。

左（左顺门事件）

公元 1524 年，因大礼仪事件杨廷和决意辞官归里，此请获准后震动朝野，同年七月，嘉靖帝意追封其生母为皇太后，朝臣纷纷上书谏阻。二百余大臣于左顺门长跪不起，放声大哭，一时"声震阙廷"，企图迫使朱厚熜屈服。嘉靖帝大怒，行使皇权，杖毙五品以下官员十六人，下狱者不胜其数，纠集者一人削职充军，一人当即杖死。

生（长生）

明世宗崇道禁佛，痴迷道教方术，研修"长生不老"。甚至听信奸佞之辈的胡言，从民间征索 8 ~ 12 岁童女入宫，通过虐待炼取所谓丹药。

寅（壬寅宫变）

公元 1542 年，宫女人数已超过千人，由于嘉靖帝不仅时常对她们凌辱虐待，且稍有过失便残暴折磨。以杨金英为首的 16 名宫女密谋杀死朱厚熜。她们趁其熟睡之际，先用布捂住其脸，再将绳索套住其脖子，而后用力勒绳子企图将其勒死。因慌乱中弄出声响惊动他人，皇后及时赶到，才救了嘉靖帝。事后犯案宫女一律处死，牵连人数多达 100 余人。这便成了有名的"壬寅宫变"（宫婢之变）。

口诀联想词：

朱厚熜 [cōng]·礼左生寅	诸侯葱·力作呻吟

口诀记忆法：诸侯拔葱，力的作用下发出呻吟。

第七节　明神宗/朱翊钧【万历】

朱翊钧

明　万历·朱翊钧（明神宗）　张鞭战赤

张鞭（张居正　一条鞭法）

张居正，湖北人。公元 1572 年，明穆宗驾崩，10 岁的朱翊钧登基（即明神宗），次年改元万历。张居正本为内阁次辅，其利用东厂总管冯保（万历帝母亲李太后的亲信）与首辅高拱间的不合，挤走高拱，取代首辅一职。由于万历帝少不更事，身为内阁首辅的张居正开始代其理政，整顿吏治，厉行改革（史称"万历新政"）。

张居正的改革主要体现在整顿国家经济方面。其掌政伊始首先节源开支，严惩贪腐，后坚定执行赋税改革，实行一条鞭法。败落的明朝逐渐复苏。

> **一条鞭法：是指将赋税内各独立项目合并，再与劳役合二为一。**
>
> 一、清丈土地，直接以田亩面积为征银主要凭据。杜绝豪绅地主偷漏税粮。
>
> 二、以往按不同征收内容（米麦、棉花、鱼等）分别征收赋税，合并后改为除米麦外，统一折算为银两，直接征收。减少烦琐的征收程序。
>
> 三、将力役更改为雇役。官府所需的力役不再由百姓无偿负担。
>
> 四、税银都由官府统一征缴，催征、收纳、押运均由官府承办，以田亩与所收税银直接进行核算。杜绝官员等中饱私囊。

（张居正与商鞅、王安石并称中国封建社会最具盛名的三大改革家）

然而由于"一条鞭法"改革的成功，张居正得罪了不少豪强权贵，公元1582年，58岁的张居正病逝。神宗亲政，弹劾奏书纷至沓来。随后，神宗下诏查抄张居正的家产。政敌开始肆意反攻，先活活饿死其府内十几口老幼妇孺，再逼死其长子张敬修，严刑逼供其二子张懋修，终将张懋修与张允修等族人充军。

直至崇祯帝登基，才还给张氏后人应有的官荫与诰命。

战赤（努尔哈赤）

公元1616年，女真部落首领努尔哈赤自封为帝，建立后金政权。两年后，其以"七大恨"告天，起兵伐明。

七大恨（实则为攻打明朝所找的冠冕堂皇的理由）	
一	祖父与父亲被辽东总兵李成梁所杀。（误杀）
二	大明对与其相同属于外藩的叶赫部落更好，更偏爱。
三	努尔哈赤的部下杀了几十个偷偷挖参的汉人，明官府要求交出十人偿命。
四	大明帮助叶赫部落攻打女真部落。
五	叶赫部毁约将本许配给努尔哈赤的姑娘转嫁给蒙古头领。
六	女真部因乱占土地放牧耕种违反明朝"土地法"，被勒令退出。
七	萧伯芝（明朝使者）对其无理。

口诀联想词：

朱翊钧·张鞭战赤	注意军·长变展翅

口诀记忆法：注意长变异的军队，他们会展翅。

第八节　明熹宗/朱由校【天启】

明　天启·朱由校（明熹宗）　爱木助贤

爱木

木匠皇帝，朱由校极其喜爱做木工活，不单是刀锯斧凿，丹青揉漆之类的木匠活都完全不在话下。且他手造的物件极为精巧。

助贤（魏忠贤）

魏忠贤，河北人，后世闻名的明末大宦官。万历年间，魏忠贤迫于躲赌债自阉入宫投在"三朝太监"魏朝门下，改名李进忠。其用花言巧语讨得魏朝欢心，将其先推荐与大太监王安，恢复原姓"魏"，再推荐给王才人（朱由校生母），故而魏忠贤与朱由校建立了联系。魏忠贤见朱由校与奶妈客印月（客氏）感情深厚，于是不断讨好献殷勤，后与客氏结为"对食"。（明朝初期，严禁太监结婚。中后期时，太监和宫女结婚已不足为奇，挂名夫妻的现象就是"对食"。）由此得到朱由校的宠信。公元1620年，朱由校即位，封"目不识丁"的魏忠贤取代王安任司礼监秉笔太监一职。魏忠贤擢取要职后，结党营私，铲除异己，扰乱朝纲，形成臭名昭著的"阉党"。其凭借天启帝的宠爱作威作福，被封"九千岁"（比万岁爷少一千岁）。同时魏忠贤培植的爪牙横行与朝堂内外，若有朝臣有异议，爪牙便会罗织罪名将其置于死地。公元1625年，魏忠贤借熊廷弼事件（公元1621年沈阳、辽阳被后金攻下，朝廷任熊廷弼收复辽东，怎料巡抚王化贞怯敌畏战不肯配合，辽东彻底失守，阉党借机陷害熊廷弼，使其含冤而死。）一举铲除东林党（此党为朋党而非政党，以江南士大夫为主的官僚集团，一定程度上掣肘阉党）。

公元1627年，崇祯帝朱由检登基，魏忠贤自行辞去东厂及司礼监职务。帝准，又下诏流放去凤阳，同时派锦衣卫擒拿魏忠贤。一代权倾朝野的大宦官畏罪自杀。

口诀联想词：

朱由校·爱木助贤	助友笑·爱木煮咸

口诀记忆法：为了帮助朋友笑，假装爱用木头煮咸菜。

第九节 明思宗/朱由检【崇祯】

明 崇祯·朱由检（明思宗） 阉袁李缢

阉（灭东厂阉党）

公元1627年天启帝病逝。其弟朱由检继位，改元崇祯。18岁的朱由检登基后，竭力铲除东厂"阉党"，同年十一月，魏忠贤因逐渐被拔取羽翼，处于孤立无援的境地，被一纸诏书贬去凤阳守灵，途中畏罪自杀。"九千岁"的死亡加快了崇祯帝打击阉党的速度。此后，阉党二百六十余人皆被处死、流放或终身监禁。

袁（冤袁崇焕）

袁崇焕, 籍贯存在争议。公元 1626 年,努尔哈赤率后金兵于辽东守将袁崇焕修建的防线前惨败而归,不久,努尔哈赤郁郁而终,其子皇太极继位。公元 1627 年五月,皇太极亲率大军兵分三路,进兵宁远（辽宁与河北交界处）又因袁崇焕大败。同年,崇祯帝登基任命袁崇焕为兵部尚书,赐予尚方宝剑,寄以收复辽东的厚望。袁崇焕一时激动夸下海口道:"五年东患可平,全辽可复。"后又为五年后可自圆其说上奏要求:"臣在外调度,所有奏文,一凭阁臣处分,阁臣不可不着力主持。"（意思自己今后的要求,阁臣不得反对。这般无理要求为其日后结局埋下了一定伏笔）崇祯帝皆准,袁崇焕领旨前往山海关。公元 1629 年,皇太极再次率兵绕过宁远、锦州等地直奔皇城,并一举深入北京郊区,袁崇焕点兵 9000 余将士,急行奔赴京城与后金兵竭力厮杀,力挽狂澜。然此举被有心之人（阉党残部）加以利用,称其拥兵自重。同时皇太极利用反间计使崇祯帝听信"袁崇焕已与皇太极达成攻取北京的密约"。同年十二月,袁崇焕被冤入狱,次年八月,以凌迟处死（凌迟,一种惨绝人寰的刑法,共行刑三千三百五十七刀）,其家人被流放三千里。

李（李自成）

李自成, 陕西榆林人。公元 1629 年,后金兵大举南下,直逼京城。李自成及其侄参军,后因银两被克扣,参将被愤怒的兵士打死,李自成借机组织大批兵士加入当时的闯王高迎祥的队伍。公元 1636 年,高迎祥带兵攻打西安,遭遇伏击,被捕牺牲。李自成被拥立为"闯王"。（同年皇太极登基,建国号"大清"。）公元 1640 年，河南灾荒严重，饿殍遍野，李自成以"迎闯王，不纳粮"的口号急速发展兵力（由几十人发展至几万人，到最后多达几十万人马）。公元 1643 年，其带领起义军占据西安，后改地名西京（同年，皇太极卒，福临继位）。公元 1644 年，李自成建大顺政权，自立为帝东征北京，同年三月攻破京城，李自成推翻了明朝统治。

（李自成在京城登基仅 42 天，便开始逃亡。主要原因有三：1. 放任下属在京城肆意掠抢。2. 一心登基，便草草埋葬崇祯帝。3. 纵容下属刘敏宗强占吴三桂的爱妾陈圆圆，导致吴三桂"冲冠一怒为红颜"。）

缢（自缢）

公元 1644 年，京城失守。崇祯先命太监将皇子（太子、永王、定王）三人暗送出宫去外戚家避难，又命周皇后及袁贵妃自尽，后挥剑砍杀长平、昭阳两位公主（15 岁的长平公主被砍断右臂，昏厥过去，并未死去）及其他几位嫔妃。十九日晨，北京内城被破，崇祯帝于煤山寿皇亭自缢而亡（朱由检自缢地址一直有争议）。明朝长达 276 年的统治就此结束，中国历史上最后一个由汉族统治的封建制王朝也就此落幕。

口诀联想词：

朱由检·阎袁李缢	主邮件·演员礼仪

口诀记忆法：主要邮件里写着演员的礼仪。

第九章　清朝

清朝 档案库	公元 1616 年——公元 1911 年	
	姓名	简记事迹口诀
清太祖	努尔哈赤	九四八六
清太宗	皇太极	四朝蒙袁
清 顺治	福临	九孝多董
清 康熙	玄烨	三台沙噶
清 雍正	胤禛 [yìn zhēn]	鞭丁军字
清 乾隆	弘历	十四议国
清 道光	旻宁 [mín níng]	鸦虎签南
清 咸丰	奕詝 [yì zhǔ]	太二热园
清 光绪	载湉 [zǎi tián]	甲马慈八

清朝存在 295 年，历十二帝（另有文献记载仅为十位，未包含清太祖、清太宗二位），本书录入九位

第一节　清太祖/爱新觉罗·努尔哈赤

清太祖　爱新觉罗·努尔哈赤　九四八六

九（九部联军）

公元 1583 年，努尔哈赤仅凭靠祖父遗留的十三副铠甲起兵，历经五年之久，于公元 1588 年相继征服建州五部，统一建州女真部族。随着努尔哈赤势力日益强大，海西女真部落倍感压力。公元 1593 年，以叶赫部为首组成九部联军（号称三万余人）兵分三路进攻满洲，反被努尔哈赤团灭。

这一战役也使努尔哈赤威名大震，远近慑服。

四、八（满清四旗到八旗）

公元 1601 年，努尔哈赤先设立满清四旗（正红旗，正白旗，正黄旗，正蓝旗）。随着势力扩大，公元 1615 年在正四旗的基础上扩增为满清八旗（镶黄旗、镶红旗，镶白旗，镶蓝旗）。满清旗颜色的不同代表着地位身份的差别。

六（六过）

努尔哈赤的六个行为导致日后满清统领初期民怨深重。

内容		直接影响
一	剃发	汉人讲究"身体发肤，受之父母"不愿剃发，导致死者无数。清军入关后，多尔衮更是变本加厉，甚至规定"留头不留发，留发不留头"。
二	迁民	强行逼迫汉人迁居至女真部腹地，其目的在于防止汉人聚集及逃跑。
三	查粮	由于粮食短缺，努尔哈赤下令查粮。若汉人每口有粮五升或有粮三升又有牲畜则为"有粮人，未达其标准者皆为"无粮人"。初期"无粮人"被抓为奴隶，后期为减轻对粮食的需求，直接杀之。
四	徭役	无偿征收劳动力。
五	圈地	后金席卷辽东后，满洲权贵兴盛"跑马圈地"，即骑马跑过的地方，皆可"收入囊中"。汉人流离失所。
六	杀戮	努尔哈赤对汉人采取"种族灭绝"政策。常以屠戮整村汉人男性，俘虏女性及幼童为"做猴"方式。

口诀联想词：

| 努尔哈赤·九四八六 | 努而花痴·就是八路 |

口诀记忆法：就是对努力的八路军而犯花痴。

第二节　清太宗/爱新觉罗·皇太极

清太宗　爱新觉罗·皇太极　四朝蒙袁

四（四大贝勒）

皇太极由于政绩突出，能文善武。努尔哈赤封其与代善、阿敏、莽古尔泰并称四大贝勒。

四大和硕贝勒身份表	
大贝勒—代善（正红旗）	努尔哈赤次子，长子褚英被努尔哈赤处死后，代善为大阿哥

二贝勒—阿敏 （镶蓝旗）	努尔哈赤之弟舒尔哈齐之子
三贝勒—莽古尔泰 （正蓝旗）	努尔哈赤第五个儿子（五阿哥）
四贝勒—皇太极 （正白旗）	努尔哈赤第八个儿子（八阿哥）

公元 1626 年，努尔哈赤驾崩，未定继承人。四小贝勒（阿济格、多尔衮、多铎、豪格）此时实力较弱或年龄还小，新汗需从四大贝勒中推选。

代善，因曾与努尔哈赤大妃阿巴亥（努尔哈赤的四福晋，阿济格、多尔衮、多铎的生母）有染，渐失君心，故而退出。

阿敏，其父舒尔哈齐乃努尔哈赤亲弟弟，曾同努尔哈赤征战东西，后因图谋分裂后金被努尔哈赤幽禁致死。这直接导致其与汗位无缘。由于阿敏桀骜狂妄，公元 1630 年被皇太极削爵囚禁，十年后逝世。

莽古尔泰，其骁勇善战，屡立战功。因母亲富察氏（努尔哈赤的二福晋）与代善关系暧昧，为取悦努尔哈赤，其手刃生母。这等心狠手辣故而与汗位失之交臂。公元 1631 年，以大不敬罪降为多罗贝勒，后暴病而亡。

如此，皇太极顺利继位。

朝（朝鲜封建王朝）

公元 1627 年，朝鲜王朝（"李氏朝鲜"朝鲜半岛历史上最后一个封建制王朝，后因韩国认为"李朝"为日本人创造的贬称，故而改为"朝鲜封建王朝"）发生内乱，二贝勒阿敏奉皇太极之命率 3 万女真部队入侵朝鲜（丁卯胡乱），朝鲜国王李倧被迫与后金签订"兄弟国盟约"。公元 1636 年，皇太极改国号"大清"，登基典礼上朝鲜使臣拒不跪拜。皇太极盛怒之下率军亲征，再次攻打朝鲜（丙子胡乱），朝鲜只得俯首称臣，成为清朝的藩属国。

蒙袁（离间计）

公元 1629 年，皇太极于京城郊外再次大败于袁崇焕。其知若要攻入京城，需先解决袁崇焕。于是蓄意命部下在被俘宦官面前声称"袁崇焕已与皇太极达成攻取北京的密约"，之后再放走太监，使其传假讯与朱由检。借崇祯帝的猜疑之心加阉党遗部的诽谤，成功依靠反间计，除去袁崇焕。

口诀联想词：

皇太极·四朝蒙袁	皇太急·死吵蒙冤

口诀记忆法：皇帝太着急，死吵自己蒙冤了。

第三节　清世祖/爱新觉罗·福临【顺治】

清　顺治　爱新觉罗·福临（清世祖）九孝多董

九（九皇子）

爱新觉罗·福临，皇太极的第九个儿子。六岁继位，十三岁亲政。

孝（孝庄皇后）

孝庄皇后本名布木布泰，出生于蒙古。公元 1636 年，皇太极称帝后，封其为庄妃。

孝庄皇后以贤后而盛名，一生培育、辅佐了顺治、康熙两代帝王。同时，因多尔衮以福临即位而自愿放弃争夺皇权的举动，也为两人之间的故事增添了神秘的色彩。后世虽无法定论，但各种揣测层出不穷。

多（多尔衮）

爱新觉罗·多尔衮，努尔哈赤的第十四个儿子。

公元1626年，努尔哈赤病逝，其生母阿巴亥迫于四大贝勒之意殉葬。次年，16岁的多尔衮随同父异母的兄长皇太极出征，因其足智多谋，骁勇善战，赐封"墨尔根戴青"（意聪明的统帅），成为正白旗旗主。后继续四处征伐，为皇太极屡立战功。公元1636年，皇太极称帝改国号大清，封多尔衮为"和硕睿亲王"。

公元1643年，皇太极猝死且未立皇储，其长子豪格与多尔衮实力相当，双方争夺皇位，委决不下。最终，多尔衮议定年仅六岁的福临即位，改元顺治，郑亲王济尔哈朗（镶蓝旗主）与其共同辅政。公元1644年，顺治帝拜多尔衮为大将军，令他统军南下，与南明王朝及闯王李自成展开角逐天下的宏图霸业。清兵入主中原后，多尔衮以雷霆手段挟制吴三桂、战败李自成，雄霸九州。同年六月，其与诸贝勒协商后，迁都北京。

实力雄厚的多尔衮以摄政王的身份逐步代替年幼的顺治帝管理朝政，先后被封为"叔父摄政王"、"皇叔父摄政王"、"皇父摄政王"。

公元1650年12月，多尔衮因坠马跌伤薨于喀喇城（今河北承德市）。

清朝时期六大亲王

礼亲王	睿亲王	安亲王	康亲王	怡亲王	恭亲王
爱新觉罗·代善	爱新觉罗·多尔衮	爱新觉罗·岳乐	爱新觉罗·杰书	爱新觉罗·胤祥	爱新觉罗·奕訢
努尔哈赤次子	努尔哈赤第十四子	努尔哈赤之孙	代善之孙	康熙帝第十三子	道光帝第六子

多尔衮六大弊政

1. 剃发易服	入关之初，为保持满族的统治地位，多尔衮下令限汉人十日之内依从满族剃发垂辫，并换穿满族马蹄箭袖的衣服，违抗者处死。
2. 占房	清朝定都北京，大量满族官员一同迁入京城，由于住所缺少，多尔衮下令把北京内城的汉民强迫迁往外城，腾出内城安置清朝皇室和八旗官兵。
3. 八旗圈地	为扩充满人土地，八旗子弟随意侵占田地，驱逐农户。流离失所的农民、地主或投充八旗庄园成为奴隶或流亡他乡沦为乞丐。
4. 投充	公元1645年，多尔衮下谕八旗可招收贫民为奴役。一时间皇室及各旗官僚大量逼民投充。此后的满族奴役主要多为投充人。
5. 逃人	因投充法而导致成为奴仆的汉人纷纷逃亡，为防止汉人出逃、禁止汉人出关，多尔衮颁布了逃人令。出逃者，鞭百，归还本主；窝逃人正法，家产籍没，邻里乡亲鞭百，流徙边远。出关者连坐九族杀无赦。

| 6.屠城 | 清朝初期为强制同化汉人，敢有反抗者杀无赦。其中最著名的为"扬州十日"与"嘉定三屠"。 |

董（董鄂妃）

董鄂妃，满洲正白旗人，大将军费扬古的姐姐。因孝庄皇后是蒙古族，顺治帝先后册立过两位蒙古族皇后（博尔济吉特氏，孝庄皇后本家）。但他最宠爱的却是董鄂氏，董鄂氏十八岁入宫，宠冠后宫，由贤妃进为皇贵妃。后因产下第四皇子（和硕荣贝勒）而落下身体孱弱，又因皇子早逝，更使其备受打击，一病不起。公元 1660 年，董鄂妃逝世，顺治帝哀痛至极，以皇后礼葬。半年后，顺治帝染天花，驾崩于养心殿。

口诀联想词：

| 顺治·九孝多董 | 瞬知·酒笑多动 |

口诀记忆法：瞬间知道，喝酒了，笑多动。

第四节　清圣祖/爱新觉罗·玄烨【康熙】

康熙帝

清　康熙　爱新觉罗·玄烨（清圣祖）　三台沙噶

三（平叛吴三桂）

吴三桂，江苏人。公元1644年投降于大清，康熙年间封为平西亲王，与福建靖南王、广东平南王并称三藩。公元1644年，闯王李自成攻破京城登基称帝，大顺政权大肆掠夺王权官吏的财务，充当军饷。其中有位大官僚叫吴襄，其乃被明朝派去边关抗清的山海关总兵吴三桂之父（此时吴三桂手握重兵）。李自成先控制吴襄，再让其写信劝降吴三桂。吴三桂带兵本欲归顺，却在滦州（今河北）从京城逃出者口中得知其父实则被拘禁，顿时怒火中烧。此时李自成手下大将刘敏宗又因贪恋美色强夺了其爱妾陈圆圆（"秦淮八艳"之一），吴三桂勃然大怒，一气之下率部重返山海关，同时乞降多尔衮，开关引清兵入京攻打大顺。这不但使其成为汉人口中"汉奸"的代表，也成就一代枭雄"恸哭六军皆缟素，冲冠一怒为红颜"的重情形象。

公元1673年，靖南王（耿仲明）已去世，平南王（尚可喜）年迈，平西王（吴三桂）居高自傲、无视朝廷。康熙帝有意裁撤三藩，吴三桂联络其余二藩起兵造反（三藩之乱），年轻的康熙帝并未因此慌乱，其先停止撤两南王藩号，孤立了吴三桂；再处死处于京师的吴应熊（吴三桂之子），打击吴三桂的气焰；同时又下诏未参与三藩之乱者不被株连，以获民心，且使其内乱。双方呈对峙局面。公元1678年，吴三桂病逝。公元1681年，清军兵分三路进攻云南，吴世璠（吴三桂之孙）自杀，康熙帝统一南方。

台（统一台湾）

公元1661年，郑成功（明朝国姓爷）击败荷兰殖民者，收复台湾。此处成为大明最后的根据地以对抗清朝。公元1683年，康熙力排众议命施琅（其本为郑成功手下，因不服郑成功，率部下投降于大清，郑成功为此怒杀其父、弟。故其与郑氏有不共戴天之仇。也因如此，朝臣认为其为降臣，不可重用。）任福建水师提督收复台湾。同年八月，中国恢复统一的局面。

沙（讨伐沙皇俄国）

沙皇俄国作为中国的邻国，从明崇祯五年（公元1632年）起不断派遣武装人员侵犯中国黑龙江流域领土，并在西伯利亚东部勒拿河流域附近建立雅库茨克城作为主要根据地。公元1673年三藩之乱，沙俄不断趁火打劫，且强行攻占我国领土雅克萨城（今俄罗斯阿尔巴津镇）。公元1683年，三藩之乱结束，台湾收复，康熙帝将精力转移东北，致书俄国沙皇，敕令俄军退出中国领土，两国以雅库茨克为界。遭拒，同年九月，清军出征雅克萨，清剿俄军。公元1689年，中俄签订《尼布楚条约》，条约划分清楚两国边界，并明确黑龙江及乌苏里江流域均为中国领土，不得侵犯。

噶 [gá]（征战噶尔丹）

公元1690年，在沙俄的挑唆下，漠西蒙古统领噶尔丹意图从清分裂自治。在意识到"其势力一日不灭，边陲一日不宁"后，康熙帝率军征讨噶尔丹。历经玄烨三次亲征，公元1697年，战争终以噶尔丹服毒自尽，清政府平定叛乱，重新控制漠北蒙古告终。

口诀联想词：

康熙·三台沙噶	康熙·生态沙嘎

口诀记忆法：康熙皇帝在生态沙滩放养嘎嘎叫的鸭子。

第五节　清世宗/爱新觉罗·胤禛【雍正】

清　雍正　爱新觉罗·胤禛 [yìn zhēn]（清世宗）

鞭丁军字

（科普小知识）康熙帝共有 35 个子嗣，除去夭折和早亡的还余 24 位。成年且受册封的共计 20 人，其中年龄较长，且有一定势力的有 12 位，他们化分三大阵营：

一、以皇太子胤礽为核心的太子党

二、以皇八子胤禩为核心的八阿哥党

三、以皇四子胤禛为核心的四阿哥党（雍正）

由于争储太过惨烈，甚至延续到雍正登基之后还自相残杀（除十三阿哥、十六阿哥与十七阿哥，其他均未得善终）。故而，胤禛创立秘密立储（即：皇帝在世时将储君皇子的姓名藏于乾清宫"正大光明"牌匾后，待皇帝离世方可取出，拥立新帝登基）。

附录：十二位阿哥明细

大阿哥—胤禔（zhí）	二阿哥—胤礽（réng）	三阿哥—胤祉（zhǐ）	四阿哥—胤禛（zhēn）
五阿哥—胤祺（qí）	七阿哥—胤祐（yòu）	八阿哥—胤禩（sì）	九阿哥—胤禟（táng）
十阿哥—胤䄉（é）	十二阿哥—胤祹（táo）	十三阿哥—胤祥	十四阿哥—胤禵（tí）

鞭（绪一条鞭法）

雍正登基后，开始实行一系列改革。首先针对因康熙晚年吏治松弛导致的贪污腐败，其先后颁布 11 条谕旨，大力整治。公元 1732 年因贪腐被抄家革职的官员达数百人，其中以三品以上朝臣为主。其次重新启用张居正的"一条鞭法"，并更加细致完善。同时为进一步全面性降低百姓负担，雍正实施推行"摊丁入亩"制度。

丁（摊丁入亩）

摊丁入亩制度又称：摊丁入地，地丁合一，其为经济改革措施。

清政府延续了明朝的征税制度，将税收分为两种：人头税及土地税。人头税为丁银（人丁税银）按家庭人口数量收取，土地税为田赋（田地赋税）以家庭为单位按持有量征收。然而这样其实属于农民需要交纳双份税费，负担颇重。摊丁入亩制度则是将家庭人口数量与土地面积合并，以亩为计量单位，由政府丈量计入官册，以官册记录征收税费（取消了人头税）。

军（军机处）

军机处：设立初期定为临时性办事机构，主要处理西北军务，确保保密性与高效率。后期逐渐发展成为实权远超内阁的军政中枢决策机构（类似现今国家安全委员会）。

军机处构成：

1. 大军机——军机大臣：由皇帝从宗室、大学士、六部尚书等满清权贵中指认担任。（主要由大学士或亲王担任）

2. 小军机——军机章京：从内阁、翰林院及六部衙门中选任（以文员为主，职务类似秘书）。

文字（文字狱·年羹尧）

清代的文字狱从始至终都有，但主要历经四朝（顺治、康熙、雍正、乾隆）。文字狱是统治者控制、镇压知识分子的一种手段。因清代的统治者是满族，故对汉人控制极其严格，在文人学士的书作中捕风捉影其对朝廷不满或讥诮的内容，而后大肆株连，致使读书人无不自危。雍正年间的文字狱由年羹尧而起。

年羹尧，安徽人，出生官宦世家，隶属汉部镶黄旗子弟。康熙三十九年（公元 1700 年）考取进士，后因能文善武而获康熙帝赏识，仕途平步青云。公元 1709 年，未满 30 岁的年羹尧破格担任四川巡抚。与此同年，胤禛娶其妹为侧福晋，其为表忠心曾写下"今日不负皇上，即他日之不负王爷"的信函给雍正。康熙五十七年（公元 1718 年）因准噶尔部落侵犯西藏领地，年羹尧独到且周全的战略提议得到康熙帝的赞许，提拔为四川总督。两年后，年羹尧又出任平西将军，由文官转为手握实权的武将，这等转变为其日后成为威震四方的"年大将军"奠定了非同寻常的良好基础。公元 1721 年，康熙帝亲自召见年羹尧，封其为川陕总督，任职期间其以正面交锋的策略顺利平叛青海的叛乱，成为拥有赫赫战功的封疆大吏。

公元 1722 年，胤禛登基（即雍正帝），年羹尧作为其夺嫡之争中不可或缺的拥护者，同隆科多（雍正的舅舅）与雍正帝间有着超乎君臣关系的情谊。公元 1723 年，年羹尧仅用 15 天便平反罗卜藏丹津叛乱，再立奇功。雍正帝龙颜大悦，对其大行赏赐，晋升太保。然而这段君臣知遇的佳话终是未能免于君主疑心忌惮，臣子恃宠骄横的常态。雍正三年（公元 1725 年）雍正帝以年羹尧擅权营私，僭越无度，贪赃枉法等 92 条大罪命其自裁，同时抄没其家产，斩首其子年富，年氏亲族等或斩首或流放或贬谪。又因年羹尧是扶持雍正帝登基之人，此等不念及旧情恩义，狠戾铲除异己的行为遭到年羹尧的幕客及亲友诟病，于是与年羹尧有牵连者皆获罪。

口诀联想词：

雍正·鞭丁军字	用针·鞭订君子

口诀记忆法：用针去鞭策订正君子行为。

第六节　清高宗/爱新觉罗·弘历【乾隆】

清　乾隆　爱新觉罗·弘历（清高宗）　十四议国

十全（十大战事）

乾隆帝晚年时自称"十全老人"，这"十全"代表其对于在位时期极为满意的十次战事。

十大战事	
公元 1749 年	平大小金川（今四川省西北部）
公元 1755 年	平准噶尔（今内蒙古自治区西南部）

公元 1757 年	再平准噶尔（今鄂尔多斯东部、黄河流域与陕西省、山西省毗邻之地）
公元 1759 年	平回部（今新疆省南疆及东疆地区）
公元 1769 年	平缅甸（今缅甸）
公元 1776 年	再平大小金川
公元 1788 年	平台湾（今我国台湾地区）
公元 1789 年	平安南（今越南）
公元 1791 年	平廓尔喀（今尼泊尔）
公元 1792 年	再平廓尔喀

四（四库全书）

公元 1773 年，乾隆皇帝敕令开设四库全书馆，向全国大量征集私人藏书，再由皇亲权贵挂名监督总管，有名望的学者主任编纂文官对这些书籍进行统一整合梳理。但因在编写过程中如若发现书本中言辞中有对清朝开国时期的议论或对清王朝不够尊重，甚至不得乾隆帝喜欢的图书便一概焚毁（据史料记载全部查禁销毁的图书约 10 万部以上）这也成为中国传统文化的一场大浩劫。公元 1781 年，《四库全书》初稿完成，其收录图书种类共计 3461 种，由 360 多位高官、学者编撰（负责编纂工作者约有 500 人，加之打杂与抄写，先后共组织约 3800 多人），约 8 亿字，分为四部（经、史、子、集）44 类编排，卷数为《永乐大典》的 3.5 倍。此书经清末民国战火，已大部分遗失。

议（议罪银·和珅）

议罪银，顾名思义就是根据罪责大小，付钱赎罪。此为和珅提议而设立的一项制度。它的成立代表着由国家权力者开启以敛财为核心，吏治败坏，贪腐成风的局面，大清王朝逐步走向衰弱。

和珅，史上有名的大贪官，满洲正红旗人。因才华横溢及善于投其所好深得乾隆帝的宠信，故而以权谋私，败坏风纪。公元 1799 年，乾隆驾崩，嘉庆帝继位后使雷霆手段铲除和珅，可谓大快人心。同时因查抄的财产数目庞大，民间兴起童谣："和珅跌倒，嘉庆吃饱。"

国（闭关锁国，固步自封）

公元 1759 年，乾隆帝以管控对外贸易而制定了法律《防范外夷规条》（因共有五项，又称为《防夷五事》）。其以封锁中国对外的经济贸易，限制中国对外的各方面发展，严禁国人以任何渠道打探国外商业发展趋势等为核心内容，造成中国不与外界接触，闭关锁国的状态，也直接导致清末"丧权辱国"的后果。

在清朝闭关锁国期间（约 100 年），西方发生翻天覆地的变化，地球上新势力逐渐崛起：

西方大事件		
国家	时间	事件
英国第一次工业革命	1765 年	英国开始使用铁轨
	1769 年	詹姆斯·瓦特发明单项蒸汽机
	1814 年	史蒂芬逊发明蒸汽机车
美国独立战争	1773 年	北美宣布和英王之间仅为缔结契约关系
	1776 年 7 月 4 日	美国宣布独立
法国大革命爆发	1789 年 7 月 14 日	巴黎民众攻占巴士底狱
	1792 年 8 月	巴黎人民起义推翻君主政体
	1793 年 1 月 21 日	路易十六国王被押上断头台

附录：公元 1799 年乾隆帝驾崩。同年，美国华盛顿总统逝世，法国拿破仑发动雾月政变。

口诀联想词：

乾隆·十四议国	潜龙·誓死一国

口诀记忆法：潜水员誓死证明存在一个龙国。

第七节 清宣宗/爱新觉罗·旻宁【道光】

清 道光 爱新觉罗·旻宁 [mín níng] （清宣宗）

鸦虎签南

鸦虎（鸦片·虎门销烟·林则徐）

鸦片，又称"大烟"。由罂粟熬汁制成，吸食者会上瘾，从而导致精神颓靡，身体委顿。

林则徐，福建人。公元 1816 年（嘉庆帝在位期间）英国以强盛的兵力大量霸占印度土地，迫使印度农民为他们种植鸦片，之后大肆流入中国。公元 1838 年，道光帝下旨全面禁烟，并命湖广总督林则徐赴广州处理相关事宜。公元 1839 年，林则徐于虎门（今广东东莞）对查获收缴的两万多箱鸦片悉数销毁。他命令士兵在海滩上挖出池子，并在池底部铺上石条，周围栏桩钉板，以防渗漏。后将生石灰与鸦片倒入池内，开闸放入海水，一时间浓烟滚滚。就这样历经 23 天，两百多万斤鸦片被尽数烧毁。虎门销烟成为近代史上中国人民奋起反抗外国侵略的光辉序章。

鸦片战争

因林则徐虎门销烟的壮举，英国政府借机发起对中国的入侵战争。这是中国由封建制度转向半封建半殖民状态的一个重要因素。1840 年 6 月，英国贵族乔治·懿律（英军侵华总司令）率 40 余艘战舰，4000 余名士兵陆续抵达中国南海；8 月初直抵京畿。道光撤职林则徐，派大臣琦善同侵略者展开谈判。1841 年 1 月英国军队突发进攻，攻陷虎门两处要塞；同年 2 月，英军进逼广州城。清政府只得向英军缴交 600 万银元赎城，并签下屈辱的《广州和约》。

签南（南京条约）

公元 1841 年 8 月，英政府因不满足之前所攫取的利益，再次扩大侵华战争。逐步攻陷沿海城市：厦门、定海（今浙江舟山）、镇海（今浙江宁波东北部）、宁波、宝山、上海等。1842 年腐败无能的清政府因还击无望只得与英国签订中国近代史上第一个不平等条约—《南京条约》（又称"江宁条约""万年和约"）。

《南京条约》主要内容
一、中国割让香港岛给英国，英军撤出南京等地。
二、向英国赔偿二千一百万银元（其中 600 万为鸦片赔偿款）。
三、开放广州、福州、厦门、宁波、上海五处通商口岸（且英国要在此设派领事，协定关税）。
四、中国海关无权过问英商进出口货税等。
五、废除清政府的公行自主贸易制度，允许英国商贩在中国进行自由贸易。

中国由此开始沦为半殖民半封建社会。

口诀联想词：

道光·鸦虎签南	倒光·鸦虎签南

口诀记忆法：倒光鸦片，老虎被迫签南京条约。

第八节 清文宗/爱新觉罗·奕詝【咸丰】

清　咸丰　爱新觉罗·奕詝 [yì zhǔ]（清文宗）　太二热园

（咸丰帝是清朝最后一个拥有实权的皇帝，此后皇帝皆为"傀儡"。）

太（内乱：太平天国）

太平天国·洪秀全（本名洪仁坤）

洪秀全，广东人。公元 1851 年，洪秀全、杨秀清等人揭竿而起发动了中国近代史上最大的一次农民起义。洪秀全信仰耶稣，渴望人人平等的世界，故而命名起义军为"太平军"。同年三月，洪秀全挥师东进，自封"天王"以推翻懦弱腐败的清政府为目标首先攻克永安城（广西永安），并在此确立"永安建制"（太平天国的领导核心）。1852年，太平军进入湖南。而后一年，再次占领南京，并改地名"天京"。然而这个形势大好，所向披靡的起义军却因为内讧而分崩离析逐步走向灭亡。公元1864年6月，天王洪秀全病逝。而后一个月内，曾国藩领导的湘军攻破天京，大肆屠杀。太平天国历经14年兴盛至衰败，终于落下帷幕。

二（外侵：英、法二国·第二次鸦片战争）

公元1854年，《南京条约》届满，英国借中美的《望厦条约》向清政府提出修改《南京条约》的要求，遭拒。公元1856年，《望厦条约》届满，美国仿效英国提出变更条约的要求，仍被清政府驳回。西方列强一怒之下决意再次发动侵华战争。

热（出逃热河）

公元1861年，英法联军进逼京城，咸丰帝以去"木兰围场"秋猎为由，带领后宫嫔妃从圆明园仓皇逃出，奔往热河（今承德）行宫。

园（火烧圆明园）

圆明园，康熙帝赏赐给雍正帝的私人园林，以历代宫殿特点为主要风格，被誉为万园之园。

公元1860年，英法联军侵入京城，寻入此园时，无一不被其瑰丽所折服。园中大量珍奇异宝遭到英法侵略者的疯狂掠夺，若不能被运输的艺术文物则用木棍等一一击碎。大肆抢劫后，为掩盖他们的"强盗"之行，英国公使下令放火烧毁圆明园。大火共燃三日，除十三处较为偏僻的别园及水中景点逃过一劫，其余皆被付之一炬。

公元1900年，八国联军侵略中国时，圆明园再遭焚劫。

口诀联想词：

咸丰·太二热园	先锋·太二人员

口诀记忆法：先锋是个太二的人员。

第九节　清德宗/爱新觉罗·载湉 【光绪】

清　光绪　爱新觉罗·载湉（zǎi tián）（清德宗）

甲马慈八

甲（甲午战争）

在中国清政府经历着辛酉政变（西太后慈禧与咸丰皇帝的六弟恭亲王奕䜣合谋政变，铲除八大臣，以夺专权）、垂帘听政（西太后以皇帝尚幼，命奕䜣为摄政王，独揽专权长达47年）等一系列内斗时，日本国势日强，开始对外扩张。

公元 1894 年，其发动对华的侵略战争，因为此年为甲午年，故而称之为甲午战争。

马（马关条约）

甲午战争战败后，日军以清政府所派使臣不够资格而将其驱逐，同时点名要求李鸿章奔赴日本马关（今日本山口县下关市）进行谈判。公元 1895 年 3 月 20 日，李鸿章等人在马关与日本首相伊藤博文等举行停战协商会谈。24 日（第三次会议时），日方告知李鸿章，日本军队已在 23 日开攻、24 日占领台湾澎湖。当晚，李鸿章遇日本浪人行刺，昏死过去，国际舆论导致日本宣布暂时停战 21 天。4 月 17 日，李鸿章与伊藤博文进行最后一次交涉，双方胶着陷入僵局，终李鸿章应清政府授意在丧权辱国的《马关条约》上签下了字。5 月 8 日，《马关条约》正式生效。

马关条约主要内容
1. 中国承认朝鲜"独立"（实则日本对其享有掌控权）。
2. 向日本赔偿白银 2 亿两。
3. 将辽东半岛，台湾全岛以及附属岛屿割让于日本。
4. 允许日本在中国内地设厂、开展自由贸易、增开通商口岸等。

（因俄、法、德三国向日本施压，清政府后用 3000 万两白银"赎回"辽东半岛）

李鸿章，安徽人。与曾国藩、张之洞、左宗棠并称为"中兴四大名臣"。1843 年，年仅 20 岁的李鸿章预备参加乡试时曾挥笔写下《入都》诗十首，其中"一万年来谁著史，三千里外觅封侯。"这句极具代表性的诗作展示了其非池中之物的豪气。1845 年，身中举人的李鸿章师从曾国藩，这为其之后的仕途奠定了坚实的基础。公元1859年，李鸿章正式投奔曾国藩麾下做幕僚。公元1860年底，李鸿章奉命招募新兵，逐渐建立起自己的势力军队——"淮军"（这支军队在日后与曾国藩的"湘军"成为相互制约的力量）。公元1862年，曾国藩举荐下，李鸿章成为江苏巡抚。次年，兼任南洋通商大臣。此时的李鸿章已成手握军权、政权、财权的封疆大吏。无论在历史中后人对其是褒是贬，这位"李中堂"都是中国近代史上一颗耀眼且不可忽略的明星。

慈（慈禧太后）

慈禧太后，镶蓝旗人，别称"老佛爷"。17岁选秀入宫，19岁晋封懿嫔，21岁生下咸丰皇帝唯一的皇子载淳（即同治皇帝）晋升懿妃，22岁晋封懿贵妃。1861年，咸丰帝遗命八大臣为"赞襄政务王大臣"共辅年仅六岁的载淳治理朝政。同时为以防八大臣专政，咸丰帝又将"御赏""同道堂"两枚印章交予皇后（东太后慈安）与懿贵妃（西太后慈禧），以节制八大臣。未料，慈禧不甘只为皇太后，她说服东太后，并密诏恭亲王奕䜣（咸丰帝的六弟）联手推翻八大臣。同年十月，两位太后带幼帝返京，抵京次日，便发动政变降罪于八大臣（斩首、赐死或充军），并改年号"祺祥"为"同治"，寓意两位太后与幼帝共同治理国家。（慈安太后软弱无能，实权在慈禧太后一人手中。1865年，慈禧太后势力逐步稳固，其开始正式霸权，先限制铲除了恭亲王奕䜣的势力，又不断掣肘同治帝处理政务。1875年，同治帝郁郁寡欢而终，慈禧太后扶持年仅4岁的光绪帝继位（光绪帝为醇亲王之子，道

光帝之孙 ），从此无人再能挑战其政治地位。

八（宣八国联军）

19世纪末，由于清政府软弱无能，山东等多地农民自发联合抗击侵略者。打着"扶清灭洋"旗号的义和团运动兴起，以杀作恶多端的传教士为主，毁铁路、烧教堂、不断攻击着洋人，源源不绝的农民起义者加入，义和团声势浩大。1900年，清政府深知不可正面围剿义和团，只能实施怀柔政策；也有记录写因为慈禧太后相信义和团所谓的超能力：不惧子弹，不怕火烧等，总之在慈禧太后默许的状态下，义和团大批进入京城。列强们重感威胁，一面迅速调兵一面威胁清政府，慈禧太后一怒之下于6月21日向英、美、法、德、意、日、俄、西、比、荷、奥等11国同时宣战，侵略者争先恐后的发起猛攻。8月16日晚，八国联军（英、法、德、俄、美、日、意、奥组成的联盟军）攻破京城，慈禧太后及大多数皇室成员仓皇落逃，前往西安，北京再次蒙难。

1900年12月，慈禧太后宣战的十一国与清政府议和。次年，李鸿章代表大清国签订《辛丑条约》。（签字之后，李鸿章大口吐血，同年九月逝世）

《辛丑条约》主要内容
1.严惩"得罪"列强各国的官员。（端郡王载漪等诸多排外大臣）
2.清政府派遣亲王、大臣到德国及日本赔罪。
3.清政府明令禁止民众参与任何抵抗侵略者的组织。
4.分39年赔偿连本带利9.8亿两白银。

5.各国自管位于北京的使馆，并可在其使馆驻兵，且严禁中国人入内居住。
6.两年内禁止军火运输至华。
7.中国海关所征收的关税、盐税均由外国管控等。

这项条约宣示着中国正式沦为半殖民地半封建制国家。

口诀联想词：

光绪·甲马慈八	光需·家妈糍粑

口诀记忆法：家里妈妈做糍粑需要光。

公元 1908 年，光绪帝逝世，慈禧太后宣醇亲王载沣（光绪帝异母弟弟）入宫，封其长子——年仅三岁的溥仪为嗣，继承皇位。宣统帝溥仪是清朝最后一位皇帝。

PART.3

收录帝王信息
记忆方法附录

附录一　简记帝王年龄表

姓名	年龄（联想）	记忆方法
嬴政（银针）	49 岁（死揪）	死揪着银针
胡亥	23 岁（儿散）	儿子散步遇到老虎孩儿
刘邦	61 岁（儿童节）	过六一儿童节真棒
刘恒	46 岁（四楼）	小偷上四楼不留痕迹
刘启	46 岁（四楼）	在四楼留面旗
刘彻	70 岁（其实）	其实开车出门是为了溜车
刘询	42 岁（死而无憾）	古人年过六旬，死而无憾
王莽	66 岁（双击 6＝66）	忙的忘记双击 666 了
刘秀	63 岁（63＝ 留山）	留下看山清水秀
刘协	53 岁（雾散）	雾散后发现流血了
曹操	65 岁（瘤误）	曹操脑袋里的瘤子耽误了
曹丕	39 岁（三九感冒灵）	草皮上有三九感冒灵
刘备	62 岁（留儿）	留下备用的给儿子
刘禅 shàn	64 岁（乐思）	留在山中快乐死
孙权	70 岁（其实）	其实家庭中，孙子最有权利
孙皓	42 岁（死而无憾）	损耗品"死而无憾"
司马炎	54 岁（无私奉献）	驷马说（言）：要有无私奉献的精神

杨坚	63 岁（搂山）	二郎神杨戬搂着一座山
杨广	49 岁（死揪）	死揪阳光
李渊	69 岁（溜溜球）	溜溜球掉进深渊里
李世民	51 岁（巫医）	李世民用巫医
李治	55 岁（55 谐音像哭）	理智对待，不要哭
武则天	81 岁（建军节）	女皇武则天在建军节阅兵
李隆基	77 岁（两根拐杖）	挂两根拐的一笼鸡
赵匡胤	49 岁（死揪）	死揪着找，找到银矿
赵光义	58 岁（58 同城）	在 58 同城上找有光的衣服
赵祯 zhēn	53 岁（雾散）	雾散后开始找针
赵顼 xū	36 岁（散喽）	招女婿都散喽
赵佶 jí	52 岁（我 2）	着急证明我二
赵构	80 岁（巴士）	在巴士上找狗
铁木真	66 岁（双击 6=66）	铁木磨成针，双击 666
忽必烈	78 岁（去吧）	冬天去湖上踩冰吧，湖必然会裂开
朱元璋	69 岁（溜溜球）	祝愿玩儿溜溜球的水平大涨
朱棣 dì	64 岁（螺丝）	驻地有螺丝
朱祁镇	38 岁（38 女人节）	女人筑起城镇过节
朱见深	39 岁（三九感冒灵）	主健身后就不用吃三九感冒灵了
朱厚照	29 岁（二舅）	诸侯找二舅（他大舅他二舅都是他舅）
朱厚熜 cōng	59 岁（无酒）	诸侯吃葱无酒
朱翊钧	56 岁（无聊）	无聊的时候，请注意英俊的小哥哥
朱由校	21 岁（而已）	祝福朋友笑而已

朱由检	33 岁（33 谐音闪闪红星）	猪一样的队友检到闪闪的红星
努尔哈赤	67 岁（牛气）	愤怒而导致哈哈嗤笑，样子很牛气
皇太极	50 岁（巫师）	太着急当皇帝，所以请巫师施法
顺治	22 岁（22 像兔子耳朵）	将顺直兔子耳朵
康熙	68 岁（喇叭）	康熙吹喇叭
雍正	56 岁（无聊）	拥抱枕头真无聊
乾隆	89 岁（爸、舅）	爸爸和舅舅牵着龙
道光	67 岁（油漆）	倒光油漆
咸丰	30 岁（伞湿）	嫌伞湿，气疯了
光绪	37 岁（山区）	需要光的山区

  *清朝皇太极之后的帝王由于大家更熟悉其庙号，为方便区分，此处记忆其庙号。

附录二 中国50位帝王姓名及年号/庙号记忆方法

姓名	年号/庙号	记忆方法
秦始皇 （寝室）	嬴政（银针）	<u>寝室</u>不许有<u>银针</u>
秦二世 （二世祖）	胡亥（胡害）	<u>二世祖胡</u>乱<u>害</u>人
汉高祖 （高祖父）	刘邦（六帮）	一个好汉三个帮，<u>高祖父</u>厉害，<u>六个帮</u>。
汉文帝 （韩文）	刘恒（留痕）	<u>留</u>下<u>韩文</u>的<u>痕</u>迹
汉景帝 （风景）	刘启（留旗）	<u>留</u>下<u>旗</u>帜在<u>风景</u>中
汉武帝 （汉舞）	刘彻（溜车）	一边看<u>汉</u>朝的<u>舞</u>蹈，一边<u>溜车</u>。
汉宣帝 （寒暄）	刘询（六旬）	<u>六旬</u>老人相互<u>寒暄</u>
新帝 （心底）	王莽 （忘忙—忙忘）	<u>心底</u>的事情<u>忙忘</u>了
汉光武帝 （广场舞）	刘秀（优秀）	成为<u>优秀</u>的<u>广场舞</u>大妈需要流<u>汗</u>

汉献帝 （献滴）	刘协（流血）	流血了需要献血滴
魏武帝 （威武）	曹操（草草）	海草舞跳起来很威武
魏文帝 （慰问）	曹丕（草皮）	慰问草皮
蜀汉昭烈帝 （书函找猎）	刘备（有备而来）	在书函里找猎人信息，是有备而来的。
蜀汉后主 （出汗后）	刘禅（留山）	出汗后留在山上消汗
吴大帝 （武大）	孙权（损钱）	上武大损钱
吴末帝 （巫魔）	孙皓（损耗）	巫师也怕损耗魔法
晋武帝 （进屋）	司马炎（死马言）	死马说（言）不要进屋
隋文帝 （水温）	杨坚（羊煎）	把羊煎了吃，水温不宜过高
隋炀帝 （随阳）	杨广（阳光）	随着阳光走
唐高祖 （唐高阻）	李渊（里源）	唐朝高出不阻拦，容易掉入深渊里
唐太宗	李世民（历史明）	历史上最明智的唐太宗
唐高宗 （高棕）	李治（理智）	理智点，那么高的棕树，爬不上去的。
圣神皇帝	武则天 （捂着天）	圣神皇帝捂着天
唐玄宗 （糖选棕榈）	李隆基（一笼子）	买糖选一笼子棕榈糖

宋太祖 （送太祖父）	赵匡胤（找矿银）	找到矿银送太祖父
宋太宗 （送太宗）	赵光义（找光衣）	找到一件光鲜亮丽的衣服送给太宗
宋仁宗 （送人粽）	赵祯 zhēn（找针）	送人的粽子里找到一根针
宋神宗 （送神）	赵顼 xū（招婿）	招女婿送给神
宋徽宗 （送回）	赵佶 jí（着急）	着急送回
宋高宗 （松糕）	赵构（找狗）	用松糕找狗
元太祖 （圆台租）	铁木真（铁木针）	租个圆台把铁木磨成针
元世祖 （原始组）	忽必烈（湖必裂）	原始人组团去冰湖上，湖面必裂
明太祖 （明亮太阳）	朱元璋（祝愿涨）	明亮的太阳祝愿股票大涨
明成祖 （名称）	朱棣（驻地）	驻地名称
明 正统/ 天顺 （针筒、天顺）	朱祁镇（筑起镇）	用针筒筑起城镇计划，每天都进行的很顺利
明 成化 （晨花）	朱见深（主健身）	主任早晨在花丛中健身
明 正德 （品德端正）	朱厚照（诸侯找）	诸侯找品德端正的人
明 嘉靖 （家净）	朱厚熜（诸侯葱）	诸侯把家里的葱吃干净了

明　万历 （万年历）	朱翊钧（注意俊）	翻万年历今天要注意英俊的帅哥
明　天启 （天气）	朱由校（猪友笑）	猪一样的队友笑天气
明　崇祯 （重整）	朱由检（猪友见）	见到猪一样的队友后，决定重整队伍
清太祖 （青苔足）	努尔哈赤 （奴儿花痴）	奴隶的儿子看青苔就足以犯花痴
清太宗 （青苔棕）	皇太极（皇太急）	因为皇帝太着急，青苔变成了棕色
清　顺治 （顺制）	福临（茯苓饼）	选顺手的茯苓制作成饼
清　康熙 （康熙）	玄烨（选椰）	康熙帝选椰子
清　雍正 （拥枕）	胤禛 yìn zhēn （硬针）	拥抱枕头时摸到一根硬针
清　乾隆 （牵龙）	弘历（红利）	牵龙可以分红利
清　道光 （倒光）	旻宁 mín níng （民您）	民众说：您把它倒光吧
清　咸丰 （嫌疯）	奕詝 yì zhǔ （易主）	嫌弃疯疯癫癫不成样子，就易主了
清　光绪 （光需）	载湉 zǎi tián （崽田）	不论是崽儿还是田地都需要阳光

　＊括号内是联想词

　（本书选取有代表性的 50 位帝王）

附录三 简记中国历史朝代存在时间

中国历史朝代存在时间记忆方法一览表

朝代及存在时长	谐音联想	记忆方法
夏朝 /400 年左右	夏 = 吓 /400= 撕掰	撕掰很吓人
商朝 /600 年左右	商 = 受伤 /600= 留白	受伤后包扎，身上留下白色绷带
周朝 /800 年左右	周 = 粥 /800= 八宝	八宝粥
秦朝 /15 年	秦 = 请 /15= 衣物	请穿上秦始皇的衣物
汉朝 /426 年	汉 = 流汗 /4+2=6	汉斯（汉 4）算 "4+2=6" 急得流汗
三国 /60 年	三国 = 三锅 /60= 榴莲	三锅蒸榴莲
晋朝 /155 年	晋 = 进 /155= 一辆火车（55 声音像火车鸣笛）	一辆火车进山洞
南北朝 /169 年	南北 /169= 一个南北指针	南对北，指针向上；北对南，指针向下

隋朝 /37 年	隋 = 碎 / 37= 三七（中草药）	三七磨碎变成粉
唐朝 /289 年	唐 = 糖 /289= 两颗、 爸爸、舅舅	两颗糖给爸爸和舅舅吃（爸爸更亲近，所以在前面）
五代 /53 年	五代 /53= 五、散	五代最后散了
宋朝 /319 年	宋 = 送 / 319= 伞、一舅	送伞给一位舅舅
元朝 /162 年	元 = 圆 / 162= 一溜烟儿	圆形一溜烟儿滚走了
明朝 /276 年	明 = 明天 / 276= 儿骑鹿	明天儿子骑着鹿回家
清朝 /295 年	清 = 轻 / 295= 二舅舞	二舅跳舞，身轻如燕
中华民国 /37 年	中华民国 = 中华名锅 37= 山鸡	中华名锅里炖着山鸡